Début d'une série de documents
en couleur

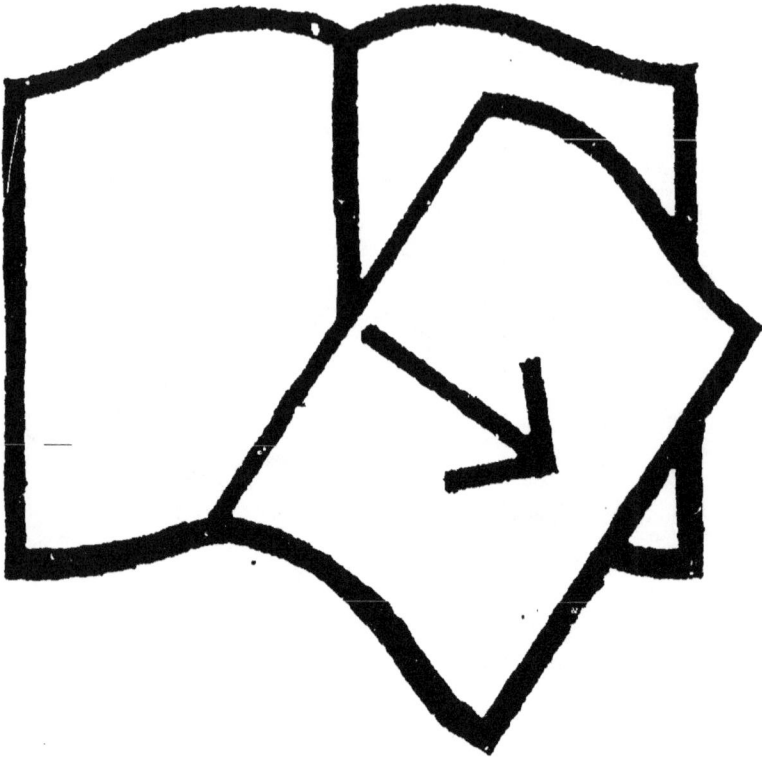

Couverture inférieure manquante

SOIXANTE CENTIMES LE VOLUME

BIBLIOTHÈQUE UTILE

LXVI

Dʳ ROBINET

PHILOSOPHIE POSITIVE

PARIS

LIBRAIRIE GERMER BAILLIÈRE ET Cⁱᵉ

108, BOULEVARD SAINT-GERMAIN

Au coin de la rue Hautefeuille.

FÉLIX ALCAN, successeur

Fin d'une série de documents
en couleur

LA
PHILOSOPHIE POSITIVE

AUGUSTE COMTE & M. PIERRE LAFFITTE

PAR

Le Dr ROBINET

A.C

PARIS
LIBRAIRIE GERMER BAILLIÈRE ET Cie
108, BOULEVARD SAINT-GERMAIN, 108
Au coin de la rue Hautefeuille

—

AUTRES OUVRAGES PHILOSOPHIQUES

FAISANT PARTIE DE LA

BIBLIOTHÈQUE UTILE

Vol. in-32 de 190 pages, à 60 çent. Cartonnés, 1 fr

LA VIE ÉTERNELLE, par Enfantin, 2ᵉ édition.

VOLTAIRE ET ROUSSEAU, par Eugène Noël, 3ᵉ édition.

HISTOIRE POPULAIRE DE LA PHILOSOPHIE, par L. Brothier, 3ᵉ édition.

LA PHILOSOPHIE ZOOLOGIQUE, par Victor Meunier.

L'ORIGINE DU LANGAGE, par L. Zaborowski.

PHYSIOLOGIE DE L'ESPRIT, par Paulhan (avec figures).

DE L'ÉDUCATION, par Herbert Spencer.

Coulommiers. — Imp. Paul BRODARD

LA
PHILOSOPHIE POSITIVE

INTRODUCTION

Il n'est pas facile de résumer en quelques
pages un ensemble aussi considérable que la
philosophie positive ; il l'est moins encore
d'exposer sous forme familière des idées aussi
élevées. Cependant l'importance du but : vul-
gariser ce que nous croyons être la plus forte
conception générale et la plus vraie, parmi
tant de systèmes qui se disputent aujour-
d'hui l'adhésion du public, nous a décidé à
tenter l'entreprise.

Trois grandes manières de comprendre les
choses, la théologie, la métaphysique et la
science, presque contemporaines à l'origine,
quoique si éloignées par la vitesse de leur
développement et relativement à leur apogée
que l'on est obligé de les regarder comme
étant successives, se partagent aujourd'hui
l'éternel domaine de toute philosophie : l'explication du monde et de l'homme.

Bien qu'ayant chacune, les deux extrêmes
surtout, leurs racines dans les premières manifestations de la pensée humaine, elles ont,
en réalité, traité l'une après l'autre d'une manière complète le grand problème qu'impose
à notre intelligence la nécessité de connaître
le double milieu où nous avons à vivre et à
nous développer, le monde extérieur et la société, l'agent de l'évolution humaine et le
théâtre sur lequel il doit accomplir sa destinée.

La philosophie théologique , l'explication
surnaturelle des choses par les dieux ou par
dieu, a donné la première solution. Mais ses
affirmations, démenties par l'expérience, sont
aujourd'hui de plus en plus abandonnées.
Après avoir partout dominé, elle a vu arriver
son déclin, et nous assistons en ce moment,
chez les peuples les plus avancés, à la dispa-
rition accélérée de cette synthèse antique.

La métaphysique aussi, ou l'ontologie, qui
explique tout par des abstractions personni-
fiées, par des entités, — dont la *Nature*, en ce
qui concerne le monde, l'*Ame*, pour ce qui est
relatif à l'homme, et le *Peuple*, eu égard à la
société, représentent les principales, — après
avoir longtemps et sourdement miné sa de-
vancière, l'a finalement et pour un temps rem-
placée dans le domaine philosophique, chez
tous les esprits actifs et parmi les populations
les plus civilisées, à ce point qu'aujourd'hui
elle fournit encore à la politique ses formules
générales et sert de couronnement à l'instruc-

tion d'Etat dans nos collèges et nos facultés.

Enfin est venue la science.

Née des premiers essais de numération dans la plus lointaine antiquité, sur les confins de l'animalité pour ainsi dire, elle s'est étendue et constituée de siècle en siècle, de manière à envahir successivement tout le domaine de la théologie et de la métaphysique, et à substituer finalement ses explications réelles aux approximations chimériques et nécessairement provisoires des deux mentalités surnaturelles.

La science explique à cette heure le monde, l'homme, la société, d'après leurs éléments constitutifs, leurs propriétés respectives et leurs relations réciproques, sans le secours d'aucune volonté arbitraire ou divine, ni d'aucune entité.

Seulement, il nous faut avertir ici que, philosophiquement, ou au point de vue général, l'interprétation scientifique s'est dédoublée en quelque sorte et constituée, de nos jours, en deux corps de doctrine fort différents, une synthèse objective, le *Matérialisme*, une synthèse subjective, le *Positivisme*.

La première de ces philosophies, non encore affranchie de cette tendance à l'absolu qui est le caractère logique fondamental de la théologie et de la métaphysique, prétend, comme celles-ci, donner des réponses définitives à toutes les questions : origine et fin des choses, essence des corps, formation première des êtres, de manière à fournir, en partant soit

d'une matière amorphe omnigénératrice, soit
d'une molécule indivisible, l'*atome*, considéré
non plus comme une création de notre esprit,
comme un artifice de logique, mais comme
existant réellement dans la nature, et par une
suite de transformations indéfinies, une série
homogène, un enchaînement parfait d'individus, sans *hiatus*, sans rupture, sans aucune
solution de continuité. C'est le matérialisme
propre aux chimistes, aux naturalistes et aux
physiologistes. Quant à celui des mathématiciens, il consiste à faire rentrer les lois des
phénomènes les plus complexes et les plus
spéciaux dans celles des faits les plus généraux et les plus simples, par exemple à vouloir
ramener les phénomènes vitaux et même moraux à de strictes questions de mouvement,
ou aux lois de la mécanique. Il tend à réduire
tous les événements à une seule catégorie et
toutes les lois des phénomènes possibles à une
même loi mathématique.

Dans son ensemble, le Matérialisme pro-
pose donc, d'après des données en partie positives et en partie utopiques, une explication
métaphysique du monde et de l'homme. Il
suffit pour s'en convaincre de rappeler l'idée
qu'il donne de la matière, qu'il proclame,
comme d'autres font de la divinité : « sans
limites ni dans l'espace ni dans le temps, infinie et éternelle » ; allégation absolument invé-
rifiable et qui n'a de critérium que dans l'imagination de ceux qui la soutiennent.

Le Positivisme, au contraire, ou la philosophie des sciences, ne spéculant que sur les matériaux amassés par l'observation et sur les faits éprouvés par l'expérimentation, écarte nécessairement les conjectures arbitraires, toutes les hypothèses invérifiables sur l'origine et la fin des choses, sur les causes premières et finales, sur l'essence des êtres, sur la réductibilité indéfinie des phénomènes et des corps, sur la transformation des forces et la transmutation des espèces. Il recherche le *comment* et non le *pourquoi*, l'état réel des corps, leurs propriétés constantes, les relations spontanées des phénomènes, les lois naturelles de leurs réactions réciproques. Enfin, dans l'interprétation du *grand tout*, il établit l'unité non par rapport à la nature elle-même, qui ne la présente nulle part, mais dans l'entendement humain, en faisant le classement des propriétés, et, par suite, des êtres qui les manifestent, par rapport à l'Humanité. C'est une coordination abstraite conçue au point de vue de l'homme ou du *sujet*, et non pas à celui du monde ou de l'*objet*.

Les deux synthèses scientifiques modernes, tout en abordant le même problème, le traitent donc d'une façon absolument différente, le Matérialisme conservant dans ses réactifs intellectuels un alliage d'absolu, de métaphysique ou de théologisme réduit, et procédant surtout du point de vue concret; le Positivisme rejetant toute trace de surnaturalisme et ne procédant que du point de vue abstrait pour embrasser l'ensemble de la réalité.

C'est cette manière de voir, si nettement caractérisée et si différente de toute autre, connue sous le nom de philosophie positive, que nous avons pris pour tâche de résumer ici; c'est cette construction admirable dont Auguste Comte fut le puissant architecte. Il en conçut la nécessité, il en réalisa le plan, en y introduisant tous les matériaux préparés par ses devanciers et ceux que son propre génie lui permit de réunir et de coordonner.

Voici comment il a lui-même reconnu cette immense collaboration :

« Depuis que la situation écarte toute tendance négative, il n'y a de vraiment discréditées, parmi les écoles philosophiques du dernier siècle, que les sectes inconséquentes dont la prépondérance dut être éphémère. Les démolisseurs incomplets, comme Voltaire et Rousseau, qui croyaient pouvoir renverser l'autel en conservant le trône ou réciproquement, sont irrévocablement déchus, après avoir dominé, suivant leur destinée normale, les deux générations qui préparèrent et accomplirent l'explosion révolutionnaire. Mais, depuis que la reconstruction est à l'ordre du jour, l'attention publique retourne de plus en plus vers la grande et immortelle école de Diderot et de Hume, qui caractérisent réellement le XVIIIᵉ siècle, en le liant au précédent par Fontenelle et au suivant par Condorcet. Egalement émancipés en religion et en politique, ces puissants penseurs tendaient nécessairement vers une réorganisation totale et directe, quelque confuse qu'en dût être alors la notion... C'est d'une telle école que je m'honorerai toujours de descendre immédiatement par mon précurseur essentiel, l'éminent Condorcet...

« Mais à cette grande souche historique, j'ai constamment rattaché ce qu'offraient de vraiment éminent nos *adversaires*, soit théologiques soit métaphysiques. Tandis que Hume constitue mon principal précurseur philosophique, Kant s'y trouve accessoirement lié ; sa conception fondamentale ne fut vraiment systématisée et développée que par le Positivisme [1]. De même, sous l'aspect politique, Condorcet dut être complété par de Maistre, dont je m'appropriai, dès mon début, tous les principes essentiels [2], qui ne sont plus appréciés maintenant que dans l'école positive. Tels sont, avec Bichat et Gall comme précurseurs scientifiques, les six prédécesseurs immédiats qui me rattacheront toujours aux trois pères systématiques de la vraie philosophie moderne, Bacon, Descartes et Leibnitz. D'après cette noble filiation, le moyen âge, intellectuellement résumé par saint Thomas d'Aquin, Roger Bacon et Dante, me subordonne directement au prince éternel des véritables penseurs, l'incomparable Aristote [3]. »

1. La distinction du subjectif et de l'objectif. — R.
2. La séparation des pouvoirs spirituel et temporel, etc. — R.
3. Auguste Comte, *Catéchisme positiviste*, préface.

La philosophie positive termine donc réellement la révolution mentale commencée sous
Thalès et Pythagore par la fondation de la
mathématique abstraite, base essentielle de
tout le régime scientifique. Cette révolution,
spon⁺   ꞏꞏꞏꞏns l'antiquité, et coordonnée,
po⁻ son temps, par Aristote, a été entrevue
p⸱)escartes sous son aspect systématique
lo; ꞏu'il l'a signalée comme devant aboutir à
la réformation complète de l'entendement humain d'après la substitution de la science à la
théologie et à la métaphysique. Elle a été
continuée de la manière la plus vigoureuse et
la plus décisive, au XVIIIᵉ siècle, par Condorcet voulant établir une théorie positive de la
société, et par Bichat, Gall, Cabanis, qui se
proposèrent l'explication positive de l'homme;
elle a été finalement accomplie par Auguste
Comte, dans le commencement du XIXᵉ siècle,
par la fondation de la science sociale et l'institution de la série encyclopédique des sciences abstraites, qui consacrent le passage à
l'état scientifique de tous les ordres de recherches possibles.

Comte est né le 19 janvier 1798 à Montpellier,
d'une famille bourgeoise (son père était caissier
à la recette générale du département de l'Hé-
rault).

Il fut mis de bonne heure au lycée, où il ne
tarda pas à montrer des facilités exceptionnelles
pour les lettres et surtout pour les sciences, et
une force d'esprit singulière, qui le porta, pres-

que au sortir de l'enfance, à une complète émancipation théologique.

A quinze ans, il fit aux élèves de sa classe, à
la place du professeur malade, le cours entier
de mathématiques spéciales. A seize, il entrait
dans les premiers à l'Ecole polytechnique, et en
sortait deux années après, sans position ni compensation aucune, lors du licenciement de l'Ecole
par le gouvernement de la Restauration.

Bientôt il se fixait à Paris comme professeur
de mathématiques, pour n'en plus quitter.

Ce fut son moyen d'existence.

Mais, sa nature le poussant, il consacra toute
sa disponibilité à la fondation du Positivisme.

C'est ainsi qu'en dehors de son enseignement
professionnel il parvint à publier dans différents
recueils, de 1819 à 1826, une série d'opuscules sur
*la politique considérée comme science d'observa-
tion* [1].

De 1826 à 1842, par des méditations ininter-
rompues, dans des cours particuliers ou dans
des leçons publiques, et par la voie de la presse,
il élaborait, sous tous ses aspects essentiels, le
système de la philosophie positive, auquel il ne
cessa d'ajouter jusqu'à son dernier jour [2].

---

1. *Sommaire appréciation de l'ensemble du passé
moderne* (avril 1820). — *Plan des travaux scientifiques nécessaires pour réorganiser la société* (mai 1822).
— *Considérations philosophiques sur les sciences et
les savants* (novembre 1825). — *Considérations sur
le pouvoir spirituel* (mars 1826); etc.

2. *Cours de philosophie positive*, ouvrage fondamental, en six volumes in-8 (1830-1842). — *Discours
sur l'esprit positif*, brochure in-8 (février 1844). —
Système de politique positive, traité de sociologie instituant la religion de l'Humanité, 4 volumes in-8
(1851-1854); les trois premiers volumes sont relatifs

Auguste Comte ne discontinuait pas pour cela son enseignement scientifique proprement dit, soit chez lui, soit dans diverses institutions, soit à l'Association libre dite polytechnique, dont il était le promoteur et l'un des fondateurs, soit enfin à l'École polytechnique, où il fut successivement, de 1830 à 1848, répétiteur et examinateur.

Il publiait, en 1843, un *Traité élémentaire de géométrie analytique à trois dimensions*, et, en 1844, un *Traité philosophique d'astronomie populaire*.

Du reste, dès 1848, il donnait à son action et à ses travaux un caractère plus directement social. Ainsi, il publiait, en 1852, le *Catéchisme positiviste*, en 1855 un *Appel aux Conservateurs*, et de 1851 à 1854 son œuvre capitale, le *Système de politique positive*. En même temps, il propageait dans des cours publics l'ensemble de sa doctrine, fondait la Société positiviste pour en préparer l'application, et procédait aux premières manifestations du culte de l'Humanité.

C'est au moment où il allait mettre la main à la rédaction d'un Traité de morale positive dont le plan et toutes les parties étaient définitivement arrêtés dans sa pensée, et qui devait former le second terme de sa *Synthèse subjective*, que la mort vint le surprendre (5 septembre 1857)[1].

au développement et au perfectionnement de la philosophie positive ; le quatrième, tableau de l'avenir humain, en est l'application décisive à la réorganisation de la société. — *Synthèse subjective*, ou système universel des conceptions propres à l'état normal de l'Humanité ; le 1er vol. (*Logique positive*) a seul paru (1856).

1. Nous renvoyons les lecteurs qui désireraient

des détails biographiques sur le fondateur du Positivisme aux ouvrages suivants : *Lettres d'Auguste Comte à M. Valat*, 1815-1844, recueil essentiel, 1 volume in-8 ; Paris, Dunod, juillet 1870. — *Lettres d'Auguste Comte à John Stuart Mill*, 1841-1846 ; 1 volume in-8, chez E. Leroux, 1877. — *Aperçus généraux sur la doctrine positiviste*, par A.-M. de Lombrail ; 1 vol. in-12, Capelle, 1858. — *Notice sur l'œuvre et sur la vie d'Auguste Comte*, par le Dr Robinet ; 1 vol. in-8, 2e édition, Dunod, 1860. — *De l'unité de la vie et de la doctrine d'Auguste Comte*, par J.-H. Bridges, traduit de l'anglais ; 1 vol. in-8, Dunod, 1867. — *La loi des trois états*, réponse à M. Renouvier, par E. Sémérie ; brochure in-8, E. Leroux, 1875. — *M. Littré et Auguste Comte*, par M. André Poëy ; in-12, Germer Baillière, Paris 1879. — *Biographical history of philosophy* by G.-H. Lewes ; in-8, Parker, London, 1857. — *La Revue occidentale*, passim, opuscules et correspondance.

Toutes les publications de l'école positiviste se trouvent rue Monsieur-le-Prince, n° 10, à Paris.

PREMIÈRE PARTIE

CARACTÈRES FONDAMENTAUX DE LA PHILOSOPHIE
POSITIVE. — PH   PHIE PREMIÈRE

———

I. — De la positivité.

Qu'est-ce que l'état positif de la raison humaine ?

Pour le théologien, nous parlons de celui qui croit et dont l'esprit n'a encore fait aucune concession aux idées modernes, la foudre, par exemple, est un effet direct de l'intervention de la divinité, sous quelque nom qu'il la personnifie ; c'est un acte de sa volonté. Qu'il s'agisse du Jupiter païen, ou du Dieu des catholiques, le tonnerre est toujours l'instrument des vengeances célestes, et il n'y a, pour les croyants, qu'à désarmer la colère du Tout-Puissant par des moyens appropriés.

Au contraire, pour le savant, la foudre n'est que la répétition en grand d'une expérience qu'il accomplit journellement et à sa volonté, en petit, dans son laboratoire, lorsqu'il établit le contact de deux corps électrisés d'une manière différente.

Telle est donc la nature fondamentale, absolument distincte, de l'esprit théologique et de l'esprit scientifique, ainsi que des résultats auxquels ils aboutissent : le premier ne voit en toutes choses que l'action d'une puissance surnaturelle à l'égard de laquelle la seule attitude propice est celle d'une crainte respectueuse, et qu'on doit chercher à fléchir par des prières ou d'autres démonstrations analogues, pour se la rendre favorable ; le second ne voit partout que des propriétés naturelles et des rapports invariables dont l'effet peut être prédit et avantageusement modifié par une sage et clairvoyante intervention de l'homme. Car, dans le cas du tonnerre précisément, quoique son essence intime lui reste absolument inconnue, il en sait assez sur la manière dont il agit, pour pouvoir, dans un grand nombre de cas, prévoir ses effets et détourner ses ravages.

Enfin, entre ces deux manières d'expliquer les choses, vient se placer historiquement une troisième méthode, qui leur sert d'intermédiaire et qui consiste à rattacher la production du phénomène non plus à des volontés arbitraires ou divines qui les provoqueraient à leur gré, non plus à des rapports naturels qui déterminent leurs relations de succession et de similitude, mais à des principes abstraits, ayant, en dehors de la matière ou des corps par lesquels ils se manifestent, une existence propre, indépendante, absolue. C'est la métaphysique, intermédiaire inévitable entre la théologie et la science, entre les conceptions théistes et les explications positives.

Pour en revenir à l'exemple précédent, tandis que la foudre n'est pour le théologien que le produit direct d'une volonté divine, tandis que le savant n'y voit que la conséquence inévitable d'une propriété des nuages électrisés, le métaphysicien y cherche l'action des *fluides électriques*, dont il conçoit l'existence essentiellement distincte des corps, et qu'il suppose doués des qualités propres à déterminer d'aussi redoutables effets[1].

Ainsi, le fond même de l'état positif de l'esprit humain, le caractère essentiel de la mentalité positive, c'est d'écarter toute *imagination* dans l'explication des choses et de n'y procéder que par constatation réelle, par *observation;* c'est d'éliminer toutes les suppositions indémontrables et invérifiables, et de se borner à observer et constater des rapports naturels, afin de les prévoir pour les modifier à notre avantage lorsque cela devient possible, ou à les subir convenablement lorsqu'ils ne sont pas accessibles à notre action. C'est

1. Nous avons tenu à reprendre ici, quoique nous ayons pu en donner d'autres, l'exemple fourni par M. Charles Yundzill dans un opuscule intitulé : *La philosophie positive*, publié par lui en 1850; et ceci pour reconnaître un effort remarquable et fixer le souvenir d'une des premières collaborations à la propagation du Positivisme.

encore, les êtres étant une fois dénombrés dans leur ensemble et connus sous l'aspect concret, d'y démêler les propriétés qu'ils possèdent et d'étudier chacune de ces propriétés, abstraction faite de toute autre et du corps même où on l'observe, de manière à constater ses effets et ses relations. C'est enfin de grouper ces propriétés d'après leurs affinités naturelles et leur complication spontanée.

Observer et *raisonner*, telle est donc toute la philosophie positive. Nous devons donner à cette proposition quelque développement.

II. — De l'abstraction.

La première conception fondamentale de la philosophie positive consiste dans la distinction qu'elle établit, pour l'étude des corps, entre les *êtres* et les *phénomènes*, ou les propriétés communes aux êtres.

Dans la multiplicité infinie d'objets que lui offre le spectacle du monde, l'homme ne voit d'abord que des *touts*, des individus produisant des actes simples. Ce n'est qu'au bout d'un temps fort long qu'il parvient à décomposer chacun des êtres qu'il observe, chacune des actions qui le frappent, et à séparer, par une opération mentale toujours délicate, — l'*abstraction*, — les éléments de chaque effet, les parties de chaque tout, c'est-à-dire les propriétés communes à tant d'individus distincts.

A. — *Nature de l'abstraction*.

Saisir dans divers êtres ou objets une propriété commune, et concevoir cette propriété indépendamment de ces êtres, c'est faire une abstraction. Le fer, le bois, le liège donnent à celui qui les tient en main l'idée d'un certain poids, mais c'est là une idée concrète et qui reste telle tant qu'il ne la sépare point des objets plus ou moins pesants qui l'ont fait naitre. Pour s'élever à l'idée abstraite de *pesanteur* et faire de l'abstraction, il faut arriver à considérer le phénomène de poids en lui-même, indépendamment des corps où il se produit. La pesanteur devient alors un phénomène abstrait, caractérisé par un certain nombre de propriétés constantes, que l'on retrouve partout où existe un objet pesant.

L'aptitude à abstraire, ou la faculté mentale de l'observation abstraite, qui appartient à l'organisation cérébrale de l'homme et des principaux animaux [1], consiste donc à reconnaitre les propriétés communes aux différents corps et à les retenir fixées dans l'esprit avec assez de persistance pour pouvoir ensuite raisonner sur elles.

Considérons un prisme de verre taillé régulièrement, semblable à celui dont les physiciens se servent pour démontrer la composi-

1. Voyez Georges Leroy, *Lettres sur les animaux et sur l'homme*.

tion de la lumière. Cet objet a une *constitution chimique* fixe; il vibre et raisonne sous le choc, il est *sonore*; il devient manifestement *électrique* par le frottement; il a une *température* particulière; il est *pesant*; il a une *forme géométrique* définie. Son *volume* dépend des *surfaces* qui le circonscrivent; ces surfaces ont des *lignes* qui les limitent. Ces lignes ont aussi entre elles des relations de *longueur* d'où dépend le volume du corps. Si l'on applique à ces longueurs une commune mesure, leurs relations s'exprimeront finalement par de simples rapports de *nombres*. Nous voilà parvenus dans notre analyse à de pures notions de *quantité* au delà desquelles il n'y a plus rien de nettement saisissable pour l'esprit.

Dans cette décomposition graduelle, nous venons de mettre en évidence les *attributs, propriétés, phénomènes* (tous ces termes sont synonymes) que présente notre cristal, nous l'avons *analysé*. La combinaison en sens inverse de ses différentes qualités reproduirait la réalité matérielle, ce que nous appelons l'*état concret* du corps.

Écartons maintenant par la pensée toutes ces propriétés d'ordre chimique, physique, mathématique, hormis une seule, la *propriété électrique*, sur laquelle nous concentrerons notre attention; rapprochons l'activité électrique du verre de la propriété semblable que manifestent à un certain degré d'autres corps soumis à une semblable analyse. Isolons cette

propriété commune de ses sièges respectifs ou
des corps qui la présentent, et étudions-la
dans les circonstances de sa production, dans
ses variations d'intensité, dans tous ses effets :
nous aurons fait de l'abstraction, et non seulement de l'observation abstraite, mais même
la *théorie abstraite* de l'électricité, au moins
dans son mode statique.

On voit donc que, pour abstraire, notre intelligence passe par deux phases logiques inséparables, quoique distinctes : dans l'une,
elle décompose le corps en ses attributs constituants : c'est l'analyse, ou observation
abstraite ; dans l'autre, elle étudie l'attribut
commun à plusieurs corps par la méditation
abstraite. Auguste Comte a formulé cette
opération de la manière suivante : *générali-
sant par abstraction, la théorie isole chaque*
phénomène de tous ceux dont il est réelle-
ment accompagné, pour le ramener aux effets
semblables que comportent tous les autres
cas, même hypothétiques[1].

---

1. Pour cette grande question de l'abstraction,
voir Auguste Comte : *Système de philosophie posi-*
tive; *Système de politique positive* et *Synthèse sub-*
jective. — M. Pierre Laffite, *Cours de philosophie*
première, dans la *Revue occidentale*; *Les grands types*
de l'Humanité, t. I et II, surtout l'appréciation d'Archimède. — Dr Bazalgette (auquel nous avons emprunté ce qui précède) : *Nouveau dictionnaire philo-*
sophique et scientifique, articles ABSOLU, ABSTRACTION,
ACTIVITÉ DE LA MATIÈRE, dans la revue intitulée : *La*
politique positive.

L'abstraction substitue donc à la contemplation directe des *êtres*, l'étude des *existences*.

L'étendue, le mouvement, le poids, la température, le son, la lumière, l'électricité, la composition matérielle ou chimique, et tant d'autres circonstances dégagées par l'observation abstraite de la contemplation des corps, surtout de ceux d'ordre inférieur, pierres, minerais, montagnes, fleuves, mers, astres, représentent l'*existence physique*; les phénomènes de la vie végétative et animale, constatés chez des êtres déjà plus compliqués, fleurs, arbres, lions, chevaux, hommes, etc., composent l'*existence vitale*; enfin les événements offerts par les peuples, qui sont encore des êtres plus élevés, constituent l'*existence sociale*. Et c'est, nous le répétons, d'après l'étude abstraite de ces divers modes d'existence, géométrique, mécanique, physique, chimique, biologique, sociale et morale, que la méditation, inductive et déductive, institue finalement les grandes constructions positives qui représentent l'ordre universel.

Toutefois, il faut toujours se rappeler que l'abstraction, même appliquée aux sciences, ne suffit pas à rendre compte de la réalité, et que, *dans la pratique*, on est forcé d'accepter les rapports directs avec les êtres quelconques, considérés en tant qu'individus, ou synthétiquement, sans les décomposer en leurs éléments abstraits.

C'est ici que toutes les parties du savoir concret, sciences ou connaissances, cosmo-

graphie, histoire naturelle, anthropologie, etc.,
reprennent toute leur importance, sans qu'il
faille oublier pour cela que le savoir abstrait
seul leur a permis de se constituer [1].

Il y a donc une raison concrète et une raison abstraite, une manière de comprendre les
choses en considérant directement les êtres,
les individus : c'est le procédé synthétique ;
ou en contemplant les phénomènes, les événements que présentent les êtres : c'est le procédé analytique. L'un et l'autre servent l'esprit humain dans la conquête de la réalité.

Mais le caractère essentiel de la *positivité*
consiste dans l'abstraction systématique et
dans la généralité des conceptions abstraites.

Vu la complexité naturelle, contingente ou
fatale des êtres quels qu'ils soient, nous ne
pouvons, avons-nous dit, les connaître assez,
directement, par observation concrète, ou d'ensemble, et l'analyse est indispensable pour
arriver, en ce qui les concerne, à une suffisante estimation, qui reste cependant toujours
approximative. Les lois concrètes, qui, à n'en
pas douter, déterminent leur action, sont trop
compliquées pour que nous puissions arriver
à les découvrir, et les lois abstraites qui régissent les divers modes d'existence ou les
différentes catégories de phénomènes qu'ils
présentent nous sont, au contraire, assez ac-

1. Que serait l'histoire naturelle sans la physique,
la chimie et la biologie? Que serait l'anthropologie
elle-même, sans la biologie et la sociologie?

cessibles pour que nous puissions pénétrer convenablement et expliquer l'activité dont ils jouissent.

Ainsi, comment étudier d'emblée notre atmosphère, comment découvrir directement ses lois? Il est bien certain que l'on ne connaît réellement ici que les manifestations de pesanteur, chaleur, hygrométricité, électricité, composition chimique, etc., qui se combinent dans un tel ensemble, dont les lois propres ou concrètes nous restent assez ignorées pour empêcher, par exemple, l'exacte prévision du temps. Il en est de même, à plus forte raison, pour les êtres plus compliqués. Aussi, la cosmographie, l'histoire naturelle, l'économie politique et l'anthropologie, en tant que sciences concrètes, sont-elles encore moins susceptibles de nous livrer leurs lois et d'y permettre des prévisions que la météorologie ou la géologie, etc.; tandis que l'astronomie, la physique, la chimie, la biologie et la science sociale elle-même, qui étudient l'existence et non l'être, nous dévoilent ses lois et nous permettent de véritables prophéties scientifiques sur l'enchaînement des phénomènes ou événements qui constituent leur objet.

L'abstraction est donc le point de départ, la source d'où procède toute science, toute construction mentale réelle, toute coordination véritable, et chaque recherche théorique, pour être positive, doit s'appliquer à l'étude des existences (étendue, mouvement, pesanteur, chaleur, combinaison matérielle, vitalité, socialité, etc.), en laissant celle des êtres ou des individus à l'investigation pratique, agricole, industrielle, artistique. Philosophiquement, il n'y a d'accessible et même d'indispensable que les lois abstraites, sans lesquelles nous ne connaîtrions suffisamment aucune existence, ni même aucun être.

Enfin, seule, l'abstraction peut nous révéler un ordre fondamental, universel, résultant de la coordination générale des lois naturelles de toutes les catégories d'existence, et seule aussi elle nous permet d'instituer en grand notre action sur le double milieu extérieur, en nous faisant concevoir systématiquement tous les cas de modificabilité possibles, au lieu de nous agiter en aveugles dans une pareille recherche.

B. — *Point de vue statique et point de vue dynamique de l'étude des corps.*

C'est encore à l'abstraction, scientifiquement appliquée, qu'il faut rapporter le procédé logique, d'ailleurs propre à la philosophie positive, de l'étude des corps sous le double aspect statique et dynamique, c'est-à-dire relativement à leur état de repos ou d'activité, lequel permet d'arriver à une approximation encore plus rigoureuse et plus complète de la réalité.

Ce procédé résout en même temps la question, autrement insoluble, de la *transcendance* et de l'*immanence* des propriétés, formule pédantesque et toute moderne d'opinions anciennes et fort opposées sur l'activité des êtres, selon qu'on les considère, avec les théistes, comme inertes et n'agissant que d'après l'influence de volontés surnaturelles *extérieures à eux*, dieux, demi-dieux et autres agents surnaturels (c'est la *transcendance*); ou bien qu'on regarde leurs attributs, le mouvement, le son, l'électricité, l'affinité chimique, la contractilité, etc., comme des entités, fluides, éthers, résidant en eux (c'est l'*immanence*), mais en étant distincts, suivant que l'affirment les métaphysiciens; ou bien que l'on considère toutes ces qualités comme des propriétés naturelles des corps, y ayant leur siège habituel, mais en restant distinctes cependant (c'est encore l'*immanence*), ainsi que des organes ou parties quelconques qui ne leur serviraient que de substratums matériels, selon que le croient encore la plupart des savants.

Or c'est là un reste de métaphysique que ne saurait admettre la philosophie positive.

Pour elle, il n'y a que des corps en repos ou agissant, aptes à agir ou en exercice, à l'état statique ou à l'état dynamique, et présentant des propriétés différentes dans les deux cas; mais jamais l'être ou l'organe qui manifeste les propriétés d'étendue, de mouvement, de pesanteur, de son, de lumière, de sensibilité, de motricité, etc., ne saurait être séparé de cette propriété elle-même, qui est un de ses attributs propres, une de ses manières d'être et de ses qualités intrinsèques. Les corps sont en équilibre ou agités, pesants, sonores, lumineux, électriques, sensibles, contractiles, etc. ; mais jamais l'équilibre, le mouvement, la chaleur, le magnétisme, etc., n'y existent isolément, à l'état d'entités indépendantes de la matière elle-même, inorganique ou organique, dont ces propriétés ne sont que les inséparables attributions.

C'est par un artifice logique, nous le répétons, par une opération de notre esprit, par l'abstraction en un mot, que nous séparons des corps les propriétés qu'ils possèdent, pour les étudier plus efficacement.

Aux yeux de la philosophie positive, qui voit les choses comme elles sont, il n'y a donc ni *transcendance* ni *immanence*. Les propriétés ne sont pas autre chose que les substances en *action ;* et les substantifs par lesquels on désigne les attributs communs à tous les corps ou à plusieurs d'entre eux ne représentent pas des êtres réels, mais des images du dehors, abstraites par notre cerveau ; il n'y a pas de *pesanteur*, de *chaleur*, ni de *vie*, etc., mais des *corps pesants*, *chauds*, *vivants*, en un mot des corps doués de ces différents modes d'existence. Enfin la matière est éminemment *active*, non seulement celle dite organique, qui présente les propriétés élevées de sensibilité et de motricité, mais encore celle dite inorganique, qui a toutes les propriétés physiques et chimiques.

III. — De la notion de loi.

La seconde conception fondamentale de la philosophie positive, la principale, faut-il dire, et celle qui la caractérise essentiellement, c'est la notion de *loi naturelle*, puisqu'elle considère tous les phénomènes réels, c'est-à-dire observés, comme étant soumis à des relations immuables.

Qu'est-ce donc qu'une loi naturelle, par opposition aux lois édictées par les corps politiques, ou par les gouvernements, et dont l'ensemble constitue la *légalité artificielle* ?

Toute loi naturelle consiste dans une notion tantôt inductive, tantôt déductive, à laquelle parvient notre esprit en dégageant ce qu'il y a de commun entre les faits révélés par l'expérience, ou lorsqu'il saisit la corrélation fixe qui existe entre des phénomènes soit de même nature, soit de nature différente.

Ces relations se rapportant à la similitude des phénomènes, à leur coexistence, ou bien à leur succession, il y a des *lois de similitude* et des *lois de succession*.

A. — Lois de succession.

Elles expriment une relation invariable entre des phénomènes de nature distincte, qui permet de prévoir les variations de l'une d'après celles de l'autre.

Ainsi on a découvert, en physique, que les volumes occupés par une masse donnée de gaz, à une température constante, sont en *raison inverse des pressions qu'ils supportent*. Eh bien, le rapport inverse du volume à la pression est, ici, la relation constante qui existe entre les deux phénomènes variables, volume et pression. Si le volume augmente, la pression diminue ; si le volume diminue, la pression augmente ; mais le rapport ne varie jamais [1]. En réalité, le volume dépend de deux conditions, de la pression et de la température ; et, pour établir la relation exacte, on est obligé, dans la pratique, de décomposer la relation générale en ses éléments, et de chercher séparément et successivement les variations correspondant à différents degrés de température et de pression, ou de ne considérer que l'une d'elles, ce qui montre qu'une véritable loi ne concerne réellement que deux phénomènes en relation réciproque.

C'est ainsi encore que la loi de la chute des graves n'exprime que le rapport constant qui existe, pour un corps qui tombe, entre l'espace parcouru (ou la hauteur) et le temps que dure la chute ; ce qui est exprimé par cette formule : *L'espace parcouru croît proportionnellement au carré du temps.*

1.
$$\frac{V}{V'} : \frac{P'}{P}$$
$$VP = V'P'.$$

C'est VP qui est la *constante*.

Sous un autre aspect, la loi naturelle peut encore être considérée comme la dépendance régulière d'un phénomène par rapport à un autre, ou mieux comme la mesure suivant laquelle les variations d'un phénomène sont déterminées par celles d'un autre.

« Les mathématiciens, dit M. Pierre Laffitte, ont deux expressions d'une précision parfaite pour distinguer les deux phénomènes et indiquer la°position de chacun par rapport à l'autre. Ils appellent *variable indépendante* celui qui varie ou que l'on fait varier arbitrairement, et *variable dépendante* le phénomène dont les variations propres sont subordonnées aux variations du premier. Prenons par exemple la formule qui établit la grandeur de la circonférence d'après la longueur du rayon (circ. R $=$ 2πR) : ici, la variable indépendante est le rayon, puisque, à mesure qu'il varie, il fait varier du même coup la circonférence dans une proportion toujours égale, et la variable dépendante est la circonférence, qui, dans ses variations, suit les variations du rayon. Les rôles sont renversés dans le cas où l'on détermine la grandeur du rayon d'après celle de la circonférence ; mais la relation, c'est-à-dire la loi qui lie les deux phénomènes, demeure toujours identique.

« Cette loi, cette relation, cette dépendance régulière une fois établies, rien n'est simple comme de prévoir, et par là de pourvoir, ou de nous résigner, suivant les cas. Nous saurons nous prémunir toutes les fois qu'il nous

sera possible d'influer sur la variable indépendante, comme il arrive lorsque nous cherchons à obtenir une certaine variation déterminée de tel phénomène mathématique,
physique, chimique, biologique, sociologique
même ou moral, en faisant varier tel autre
phénomène dont il dépend et que nous te-
nons en notre pouvoir. Le géomètre fait varier comme il l'entend la grandeur d'une circonférence, d'un cercle ou d'une sphère en
diminuant ou en augmentant d'une quantité
déterminée la grandeur de leur rayon ; l'in-
génieur augmente ou diminue l'étendue d'un
corps en augmentant ou diminuant sa température ; le médecin modifie la fonction de l'appareil urinaire en modifiant d'une certaine
manière celle de l'appareil circulatoire ; le
moraliste détermine certains actes en exci-
tant ou en développant certains sentiments [1]. »

B. — Lois de similitude.

La deuxième espèce de lois établit les rapports de similitude qui existent entre les phénomènes observés, et ne sert qu'à étendre
l'application des lois de succession, en faisant rentrer tel événement, d'abord supposé
distinct, dans tel autre, plus général, dont les
lois de succession sont déjà connues. Par
exemple, Newton, en constatant que la pesan-

1. *Cours de philosophie première*, cinquième leçon,
dans la *Revue occidentale*, 3ᵉ année, janvier 1880.

teur n'est qu'un cas particulier de la gravitation, ou mieux encore en assimilant la loi de
la gravitation à celle de la pesanteur, a établi
une loi de similitude, la pesanteur ayant été
regardée jusqu'à lui comme étant de nature
distincte; de même, Lavoisier, quand il fit rentrer le phénomène de la combustion dans
celui, plus général, de la combinaison des
corps, et qu'il montra que le bois qui flambe
et le cuivre qui s'oxyde sont des faits en eux-
mêmes tout semblables et qui ne diffèrent que
parce que les corps qui en sont le siège sont
eux-mêmes de nature différente. Dans ces
deux cas, des lois de similitude ont rapproché
des lois de succession [1].

Les premières, par leur nature essentiellement inductive, précèdent généralement les
secondes, qui sont le type véritable de ce qu'on
doit entendre par *loi naturelle.*

Celle-ci est donc bien, en définitive, la relation invariable existant entre deux phénomènes de nature distincte, d'après laquelle
l'un varie au moyen de l'autre, avec un degré
d'intensité dépendant des circonstances au
milieu desquelles l'action s'accomplit. Elle
représente la *constance dans la variété.*

C. — Historique de la notion de loi.

La notion de la loi naturelle, comme nous
l'avons dit plus haut, a été introduite dans le

1. M. P. Laffitte, *loco citato.*

monde, du moins en ce qui concerne l'Occident, par l'Ecole pythagoricienne ; c'est d'elle que marque le début de l'évolution scientifique.

Cette notion décisive surgit en Grèce, avec Thalès, par la découverte du premier théorème de géométrie. Elle se poursuivit à Crotone avec Pythagore, auquel succéda Archimède. Par eux, le régime des lois naturelles fut appliqué aux nombres et à l'étendue ; il s'empara du ciel avec Hipparque et les astronomes d'Alexandrie. Durant le moyen âge, il fut entretenu par les Arabes et bientôt transmis aux Occidentaux. Copernic reprit la tradition des savants grecs ; Descartes continua la géométrie ; Galilée fonda la physique, en établissant les lois de la pesanteur, et étendit ainsi considérablement le domaine des lois naturelles Avec Newton et Volta, la gravitation, la chaleur, la lumière et l'électricité lui furent soumises. A la fin du XVIIIᵉ siècle, Lavoisier et Berthollet lui ouvrirent les portes du monde chimique. Par l'effort de Bichat, de Gall et de Broussais les phénomènes vitaux eux-mêmes passèrent sous son joug. Enfin Auguste Comte, après les préliminaires fournis par Montesquieu et Condorcet, acheva la déroute des dieux et des entités et leur enleva l'explication des faits politiques, qu'il fit rentrer dans le domaine de la science.

Il faut ajouter cependant, que si l'esprit humain a découvert les premières lois naturelles avec Thalès, il n'a réellement eu l'*idée de loi* qu'avec Montesquieu, qui en a donné la première définition [1].

Découverte et notion devaient nécessairement résulter de l'ordre extérieur que manifeste le monde et de la constitution spéciale qui rend notre cerveau apte à saisir une telle harmonie.

D'après les lois logiques qui lui sont propres, l'esprit humain est parti d'une première observation inductive faite sur les relations constantes les plus simples, celles de la succession d'après laquelle les unités numériques s'engendrent les unes les autres, pour étendre ensuite cette notion de succession régulière à tous les phénomènes, d'après la tendance spontanée de notre intelligence à former toujours l'hypothèse la plus simple compatible avec l'ensemble des renseignements qu'elle possède. Or ce qui n'était d'abord qu'une hypothèse hardie ou qu'une généralisation subjective prématurée s'est lentement et incontestablement vérifié, à mesure que la science s'est accrue et que, par des travaux séculaires, elle a objectivement démontré, pour tous les ordres de phénomènes, ce qui n'était dans l'origine qu'une illumination du génie théorique.

C'est ainsi que la notion de loi a été graduellement établie pour toutes les catégories d'événements réels, et que l'esprit positif les a successivement enlevés à l'interprétation

1. Voyez M. P. Laffitte, *loco citato*.

théologique et métaphysique, en mettant
hors de doute que tous, sans exception, sont
soumis à des relations invariables de succession ou de similitude, c'est-à-dire à des lois
naturelles immuables. C'est ce vaste ensemble
qui constitue l'objet de la philosophie positive.

IV. — Irréductibilité des catégories de phéno-mènes et immuabilité des lois naturelles.

La troisième conception fondamentale, ou
idée mère propre à cette doctrine, est qu'il y
a des *phénomènes irréductibles,* des propriétés, des événements et par conséquent des
lois que l'on ne peut faire rentrer les uns
dans les autres.

Tel est le double mouvement d'assimilation
et de désassimilation qui constitue la vie dans
tous les parenchymes, dans tous les tissus et
même dans tous les éléments anatomiques
animaux et végétaux, et que, malgré l'ana-
logie la plus serrée, on ne peut cependant ramener aux simples combinaisons chimiques,
ni surtout aux seules propriétés physiques
d'endosmose et d'exosmose, de capillarité, de
coaptation, d'attraction, etc. En un mot, il y
a, dans toutes les parties organisées, quelque
chose qu'elles ont en propre, *que l'on ne retrouve jamais dans les types inorganiques* et
qui les spécifie d'une manière absolue, irréductible à tout autre.

C'est qu'en effet, dans la relation qui existe
entre deux phénomènes étant *fonction* l'un de
l'autre, la variation ne porte que sur l'intensité de ces phénomènes et jamais sur leur arrangement ou sur leur succession, ni sur leur
nature, c'est-à-dire sur leur similitude. L'ensemble des lois naturelles, physiques, biologiques , sociologiques et morales , l'*ordre
universel*, est donc immuable dans ses dispositions fondamentales, c'est-à-dire quant à la
permanence de nature et de relation de tous
les phénomènes quelconques ; il n'est modifiable qu'en ce qui concerne ses dispositions
secondaires, c'est-à-dire quant à l'intensité de
variation des divers événements.

Ainsi, la grande loi d'évolution mentale découverte par Auguste Comte est inflexible en
ce qui concerne la succession des phénomènes
intellectuels, qui se fait toujours immuable-
ment, on peut dire, en allant des fictions théologiques aux abstractions métaphysiques, pour
arriver aux conceptions positives. Mais elle est
modifiable en intensité, la succession pouvant
s'opérer avec une vitesse très variable suivant les conditions où elle s'accomplit. Jamais
l'état positif, pour un ordre déterminé de phénomènes, n'a précédé l'état théologique, ou
l'état métaphysique, et l'ordre de succession
s'applique à nos idées quelles qu'elles soient.
La rapidité du mouvement intellectuel peut
seule varier.

Les perturbations pathologiques elles-mêmes
confirment cette règle fondamentale, puisque,

dans la folie, l'esprit humain déchoit de l'état positif pour revenir à l'état théologique et même fétichique, par l'intermédiaire métaphysique.

Il en est de même pour les peuples, qui, dans les périodes de décadence qui sont leurs maladies propres, présentent un semblable mouvement de régression.

A. — *Opposition du Matérialisme à ce principe fondamental de la Philosophie positive.*

Le Matérialisme, nous l'avons vu, n'admet point cette spécificité des phénomènes et des êtres, cette séparation des existences; mais il prétend que tout peut être ramené à un seul être ou à une seule loi, loi mécanique par exemple.

De cet adage plus littéraire que scientifique : *Natura non facit saltum*, expression du sentiment très juste de la gradation des choses, cette doctrine, s'appuyant surtout sur la chimie et sur la physique, et mettant de côté toutes les considérations d'ordre biologique et sociologique qui établissent la séparation des êtres et des catégories de phénomènes, conclut à une identité objective qui ne laisserait, au fond, subsister aucune distinction entre les individus ni entre les existences. Corps quelconques, espèces, familles, classes, ne seraient que la métamorphose directe de l'atome chimique se déroulant, *de visu*, en

une chaîne ininterrompue de composés minéraux binaires, ternaires et quaternaires, puis
de composés organiques de plus en plus compliqués, de protaplasmas, d'amibes, de mo-
nères, de protides, de vibrions, d'éléments
anatomiques de toutes figures, de tissus, d'organes, d'appareils, enfin d'êtres de toutes
sortes, depuis l'équivalent d'azote, par exemple, jusqu'à l'homme et au delà.

De nos jours, ce que l'Angleterre, l'Allemagne et la France ont de plus savant (sans
même parler des atomistes, dont les idées plus
simples forment comme une sorte d'introduction aux théories transcendantales que nous
allons rappeler) a cru que l'on avait enfin
trouvé, *à l'état natif,* dans les profondeurs de
l'océan, cette matière amorphe spontanément
productrice de tous les êtres, issue elle-même
de la réaction des composés minéraux les plus
élevés : *matière de vie, composé vital, sar-
code, amœba vulgaris, protoplasma, urs-
chleim, bathybius Hœckelii, protobathybius
de Bessels,* etc.

On a même donné la formule chimique de
ce limon créateur, de cette *alma mater* :
$C^m\ H^n\ O^x\ Az^y + P$ ou S; on en a fait la description et le portrait; on a donné le procédé pour
l'obtenir dans les laboratoires[1] ; et le bathybius, qui « n'est ni végétal, ni animal, ni mi-
néral, *est les trois à la fois.* »

Cette dernière conception rappelle directe-

1. Traiter l'eau de mer par l'alcool, simplement.

ment, par sa clarté, la trinité chrétienne, avec laquelle elle ne manque pas d'affinité psychologique, au moins par sa prétention à tout expliquer.

Nous n'avons ici aucune intention de rire.

En douant aussi arbitrairement la matière de facultés créatrices universelles et d'une puissance absolue dans la formation des êtres, la *fausse science* remplace l'entité théologique ou l'être surnaturel connu sous le nom de *Créateur* par une fiction aussi indémontrable, aussi chimérique, mais beaucoup moins recommandable à tous égards et surtout au point de vue social et moral, puisque le générateur des choses, dans l'utopie moderne, est aveugle, inconscient, et sans moralité. De même en accordant à l'activité éternelle et spontanée de cette prétendue créatrice incréée, dont la fécondité semble cependant arrêtée depuis assez longtemps, les formations les mieux ordonnées et les plus compliquées, nos matérialistes font encore de la théologie ; mais combien inférieurs aussi aux saint Basile, aux Némésius, aux saint Augustin, aux Albert le Grand, aux Roger Bacon, aux saint Bonaventure expliquant la nature et l'homme par les causes finales et par la sagesse divine [1] !

1. Saint Augustin, *De quantitate animæ;* saint Basile, *Hexaémeron;* Némésius, *Traité de la nature de l'homme;* Albert le Grand, *Œuvres*, Lyon, 1651 ; R. Bacon, *Opus majus*, etc. ; saint Bonaventure, *Commentaire sur le maître des sentences*, etc.

A bien prendre, ce système chimico-histo-logique n'est qu'un composé de notions con-crètes et de théories métaphysiques, d'hy-pothèses invérifiables, ou d'utopies en oppo-sition avec les constructions scientifiques les mieux établies.

On n'a guère devant soi, en effet, dans toutes ces rêveries cosmogoniques, que les *visions* du microscope et de l'imagination, mises à la place de l'observation réelle et de la méditation scientifique. Et, si l'on subs-titue partout le concret à l'abstrait, l'être au fait, l'histoire naturelle à la biologie, et la biotaxie, prise au sens *objectif* et non plus artificiel ou logique, à l'anatomie et à la phy-siologie comparées ; si l'on admet que les plantes ont la vie des animaux, la vie de rela-tion, qu'elles sentent, discernent et veulent sans pour cela avoir de cerveau, ni d'appareils des sens, ni de système nerveux, pourquoi s'étonner que les théologiens (que l'on imite encore exactement ici) prétendent que l'on continue d'aimer, de penser et d'agir, après la mort, quand le corps est détruit? L'objection de *Crudeli* à la Maréchale n'existe plus.

C'est par la confusion qu'elle établit, mal-gré les travaux et les démonstrations de la vraie science, aux XVIII° et XIX° siècles, entre la matière et l'organisation, entre l'existence à son degré le plus simple (physique et chimique) ou l'activité inorganique, et la vie elle-même, qu'elle attribue aux minéraux, comme font les fétichistes; c'est en distinguant encore moins la végétalité de l'animalité, et celle-ci de l'Humanité, que la synthèse concrète (le Matérialisme) obtient et maintient son caractère objectif.

Nous ne pousserons pas plus loin cette discussion; nous affirmerons seulement que, quant à nous, les efforts tentés récemment pour renverser les bases mêmes de la biologie et établir les *analogies* qui existeraient entre les corps inorganiques et les corps organisés, sous le rapport de la forme, de la composition chimique, de la structure, de l'accroissement, du mouvement et de la sensibilité, de la vie, en un mot, n'ont pas été établies et n'ont pu recevoir une apparence de réalité que d'après une confusion grossière et inacceptable établie entre les propriétés physiques et les attributs physiologiques des corps. L'aphorisme d'Harvey sur la génération, modifié par Auguste Comte afin de répondre suffisamment à l'état actuel de la science : *omne vivum ex vivo*, reste comme formule exacte de la réalité.

Il faut remarquer aussi que les spéculations de la philosophie matérialiste, dans toute cette question, s'appuient principalement sur la considération des infiniment petits, sur des types microscopiques presque exclusivement, difficilement observables et peu connus, qui se trouvent à l'extrême limite de l'animalité comme de la végétalité, et que, une fois que l'on est sorti de ce monde équivoque (j'allais dire interlope), les distinctions commencent

entre les espèces et surtout entre les règnes,
comme pour les individus, et s'accusent de
plus en plus, pour devenir bientôt inexorables.

Le transformisme perd alors son objectivité
apparente, et le miracle de la transmutation
de la matière minérale en matière organique,
du passage habituel et soi-disant constaté de
la mort à la vie, de la génération spontanée
et de la transformation indéfinie des organismes végétaux ou animaux, n'a plus crédit.

Il est vrai qu'il lui faut des millions de siècles pour se parfaire...

L'*expérimentation*, du reste, malgré l'entraî-
nement actuel à ramener la chimie et la biologie à l'ancienne alchimie, qui elle aussi avait
son *absolu* : l'or potable, est restée muette à
toute interrogation de ce genre ; elle n'a pas
plus fait, par synthèse de nos éléments minéraux, de la matière organique et apte à former *suâ sponte* des êtres vivants, que des
agneaux avec des tigres, des cycadées avec
des fougères et des lichens, ou seulement des
infusoires avec le bathybius Hœckelii.

Les autres prétentions de la philosophie
matérialiste dans la voie de l'assimilation
des phénomènes plus élevés et moins généraux aux plus simples, ou pour faire rentrer
les sciences supérieures dans les inférieures,
en abordant directement la connaissance des
êtres au lieu de celle des existences, l'histoire
naturelle et l'anthropologie au lieu de la biologie abstraite et de la science sociale, ces
procédés logiques, disons-nous, appliqués aux

spéculations politiques et morales, conduisent à des résultats bien autrement graves que ceux mêmes de la subversion de l'ancien édifice scientifique.

Par exemple, le Darwinisme, dont le Matérialisme s'est assimilé, dans l'espèce, les principaux résultats, a formulé comme types de lois naturelles un ensemble de vues concrètes plus ou moins confuses sur les tendances et relations générales des règnes végétal et animal, dont il croit la réalité hors de toute atteinte et dont les conséquences sociales ne paraissent l'affecter aucunement.

L'une de ces prétendues lois, établie sur l'observation et par le calcul soi-disant, consisterait en ce que la progression des espèces vivantes serait géométrique, tandis que les aliments croîtraient seulement en progression arithmétique : d'où une insuffisance des matériaux nutritifs qui rendrait fatales la lutte pour l'existence et l'extermination des faibles par les forts.

C'est la loi de Malthus étendue de l'économie politique, autre science concrète, à l'histoire naturelle et à l'anthroplogie par MM. Darwin, Hœckel, etc.

Outre les graves objections que l'on peut tirer contre cette prétendue loi, et de la difficulté de dresser, pour un temps suffisamment long, une statistique universelle des espèces végétales et animales (pour la nôtre même, ce travail n'est point fait), et des progrès de l'industrie humaine ou de la production agricole et manufacturière qui centuple les ressources alimentaires, et de l'éducabilité des animaux sociables, de celle de l'homme principalement, qui diminue sa voracité et sa férocité natives, en un mot de la réaction systématique de la société contre le monde et de l'atténuation des fatalités cosmiques et biologiques, il nous semble que les termes mêmes de la loi en question en démontrent la fausseté : en effet, de quoi se nourrissent les espèces? qu'est-ce qui leur sert d'aliments? — Des espèces sans doute. — Or toutes les espèces, *en tant que se nourrissant*, croissent en proportion géométrique, et quelques-unes avec une fécondité prodigieuse; comment donc, *en tant qu'aliments*, c'est-à-dire dès qu'on les considère comme étant mangées, ne croîtraient-elles plus qu'en progression arithmétique? D'autant mieux que les espèces comestibles, animales et surtout végétales, se multiplient infiniment plus que les espèces dévorantes? La loi nous paraît donc fausse.

Du reste, sans passer le Rhin ni la Manche pour avoir la formulation du Darwinisme politique, nous pouvons la trouver chez nous dans le traité qu'a écrit un des représentants les plus distingués du Matérialisme.

« Il arrive aux *races attardées* (le nombre en est encore considérable), dit M. André Lefèvre, ce qui est advenu aux espèces fossiles : elles ont péri par impossibilité de vivre. Nul doute que le changement de milieu ne leur ait été cruel. La vraie cause de mort, c'est l'irrémédiable disproportion. Rien ne peut conserver les races qui ont accompli leur cycle. Il leur faudrait l'étendre, il leur fau-drait en sortir, pour refouler l'expansion fatale des groupes plus vivaces. *La loi de la nature est, en fin de compte, la loi de l'histoire.* Les peuples relativement ménagés, ceux qui se défendent avec le plus d'énergie, Sandwi-chiens, Néo-Zélandais, ne sont pas moins dé-cimés que les tribus massacrées ou corrom-pues par l'intrusion européenne. Vainement les eût-on mis sous cloche pour graduer leur passage à une atmosphère nouvelle, ils se-raient *morts d'être regardés* [1]. »

Ce n'est pas un des points qui distinguent le moins le Positivisme du Matérialisme que la manière absolument divergente dont les deux systèmes envisagent cette question capitale de l'extension de la civilisation des peuples les plus avancés à ceux qui le sont moins, et c'est un des plus nobles privilèges de la philosophie positive d'avoir, par une analyse historique et psychologique inattaquable, éta-bli les points de repère et les procédés sociaux au moyen desquels pourra se faire à l'avenir cette propagation civilisatrice qui aura pour but d'*élever* les nations attardées au lieu de les détruire.

Réfutant M. Lefèvre, le Dr Dubuisson a dit excellemment : « Les professeurs allemands n'ont pas invoqué d'autres raisons quand ils

1. *La Philosophie.* Reinwald, 1879.

ont justifié, il y a huit ans, l'écrasement de la
France par l'Allemagne, et à la prochaine oc-
casion ils les invoqueront encore. Existe-t-il
donc des signes certains auxquels se recon-
naît qu'une race a ou n'a pas accompli son
cycle, est encore ou n'est plus en proportion ?
Quel adversaire ne peut-on toujours accuser
de dégénérescence et de décrépitude ? Tous
les crimes internationaux ont été légitimés
par des arguments de cette force. D'ailleurs,
alors même que la théorie de la sélection serait démontrée, alors même qu'il serait prouvé
que nous Français, comme de simples Sand-
wichiens, devons disparaître, parce que nous
sommes devenus une race inférieure, nous
aurions encore mieux à faire qu'à nous croiser
les bras en attendant chrétiennement la mort.
Nous n'étudions pas en effet les lois naturelles
par simple curiosité. Nous les étudions pour
en affaiblir le poids ou même les tourner à
notre profit. Nous scrutons le corps humain
pour prévenir ou guérir les maladies ; nous
cherchons les conditions de la production de la
foudre pour la détourner : pourquoi ne pour-
rions-nous aussi bien préserver les peuples
qu'une loi naturelle aurait marqués pour la
mort. En tout cas, il n'est pas utile que, sous
prétexte de darwinisme, nous hâtions de nos
propres mains le moment de leur dispari-
tion [1]. »

Mais c'est bien autre chose, lorsque les sé-

1. *Revue occidentale*, t. II, p. 303.

lectionnistes appliquent à la question sociale, chez les peuples avancés eux-mêmes, les lumières de l'histoire naturelle, et qu'ils font de la zoologie en politique. Jamais méprise et pédantisme plus dangereux ne se sont étalés avec une telle inconscience ! A l'égard des pauvres, qui forment l'immense majorité des sociétés modernes, ils en arrivent à proclamer l'extermination comme un bienfait, et la pitié, la fraternité, qui heureusement bravent leurs sophismes, comme un crime. Lisez Weinhold, lisez Hœckel, lisez Malthus, que nous répugnons à citer ici..... mais hâtez-vous, pour le repos de votre cœur et pour l'honneur de l'esprit humain, de revenir à Auguste Comte, à cette grande et inattaquable doctrine sociale qui a nom la philosophie positive, inspirée partout du souffle généreux de la Révolution française, de l'élan magnanime et de l'esprit de justice qui enfantèrent la *Declaration des droits de l'homme et du citoyen*, et qui met son génie à faire concourir à la rédemption des déshérités, à l'affranchissement des mineurs, du prolétariat et des femmes, les forces immenses, intellectuelles, morales, industrielles ou pratiques, développées par le labeur des siècles et qui attendent pour appliquer toute leur puissance, cette noble systématisation.

Celle-ci, du reste, a pour elle les plus décisives attestations de l'histoire, car partout, au début de l'évolution humaine, au moment où la fatalité zoologique l'emporte réellement sur la réaction sociale, les vieillards sont fatalement sacrifiés, et les enfants eux-mêmes, s'ils ne sont pas jugés assez robustes, sont détruits à leur naissance par le chef de la famille. On est en plein darwinisme! Mais, partout aussi, à mesure que l'augmentation des moyens de vivre, la *formation du capital*, les progrès de l'industrie et le développement de la sociabilité font déjà sentir leurs effets, l'enfant et le vieillard sont conservés, entourés de toutes les sollicitudes de leurs proches et mis sous la tutelle de la société.

De son côté, la science sociale n'est ni moins favorable ni moins explicite.

Les conditions cosmologiques et économiques qui ont permis la formation du capital, ou la réserve partielle des produits d'une génération pour la suivante, d'après ce double fait *que ces produits se conservent plus de temps qu'il n'en faut pour les reformer et qu'un individu peut produire beaucoup plus qu'il ne consomme*, opposent un démenti formel aux principes du darwinisme social.

La loi de la nature n'est donc pas la loi de l'histoire, et la fausse logique de la philosophie matérialiste l'a conduite à des conclusions aussi inacceptables en politique et en morale qu'en physique ou en biologie. Il faut suivre à cet égard encore les rectifications du Positivisme, lorsqu'il affirme que les phénomènes sociaux et moraux sont *irréductibles*, bien qu'ils soient réellement affectés par les influences inférieures, cosmiques et biologiques, dont ils ne résultent cependant pas ; que ces phénomènes ont des lois propres , *sui generis*, dont le groupement constitue des sciences distinctes ; et qu'enfin ils peuvent contrebalancer les fatalités premières de notre situation et assurer à l'ensemble de notre espèce de meilleures destinées [1].

Quant à la prétention du Matérialisme de faire rentrer tous les phénomènes, même les plus élevés, dans un plus simple qui en serait la raison ou la loi, elle n'a jamais été aussi complète que chez Descartes, qui n'admettait que des phénomènes de forme et de mouvement ; et encore, les mouvements n'étant considérés eux-mêmes, par l'illustre penseur, qu'au point de vue géométrique, c'est-à-dire comme faisant partie de ce qu'on appelle aujourd'hui la *cinématique*, il faut reconnaître qu'il n'admettait que des phénomènes de *forme*, ou visuels.

Or, de nos jours, le Matérialisme admet la forme et, de plus, la *force*, ce qui, en définitive, est une concession au principe de l'irréductibilité des phénomènes. En effet, puisque la notion de force, dans notre enten-

---

1. Sur la question du Matérialisme, outre A. Comte, *loco citato*, voyez M. P. Laffitte, *Cours de philosophie première*, 1re leçon, dans la *Revue occidentale*, t. I, p. 296 à 312; M. F. Harrison, *Positivisme et Matérialisme*, *ibid.*, p. 343 ; Dr Dubuisson, *Le Matérialisme contemporain*, d'après *La Philosophie*, de M. André Lefèvre, *ibid.*, t. II, p. 281.

dement, provient incontestablement de ce que nous sommes doués d'un *sens de la muscula-tion* qui nous permet d'apprécier nos propres efforts pour résister à une pression extérieure, il s'ensuit que les matérialistes, qui acceptent cette notion, admettent au moins deux catégories de phénomènes distincts et irréductibles, ceux qui sont révélés par le sens de la vue, et ceux qui le sont par le sens de la musculation [1]. En abandonnant la rigueur théorique de Descartes, pour qui une sphère creuse ou pleine, de même volume, était identique, et qui n'admettait que la forme, nos matérialistes se sont donc mis en flagrant délit d'inconséquence, car, s'ils acceptent la notion de force, ou le phénomène de pesanteur, comme un fait distinct, à quel titre rejetteraient-ils ceux de chaleur (il y en a en effet qui le choisissent comme cause première universelle), d'électricité, etc., qui nous sont révélés aussi par des sens spéciaux ?

C'est donc Newton qui a porté au Matérialisme selon Descartes le coup le plus décisif, en introduisant en mathématique la notion de masse comme élément inévitable de la notion de force [2].

1. Voir pour la description de cette fonction de notre cerveau la très décisive et très remarquable thèse du Dr Dubuisson : *Des quatre sens du toucher, et en particulier de la musculation ou sens musculaire*, in-8. Paris, Leroux, 1874.
2. M. P. Laffitte, *Cours de philosophie première*.

Si nous considérons à présent la théorie
matérialiste moderne sur la transformation
des forces, nous voyons qu'elle trahit encore
cette constante préoccupation de faire rentrer
des phénomènes distincts et irréductibles
dans les deux seules catégories que l'on ac-
cepte, ceux de chaleur, par exemple, dans ceux
de pesanteur, d'où dérive la notion de force ;
mais nous constaterons en même temps que
l'on n'a rien démontré à cet égard et que
cette manière de voir n'est qu'une pure hypothèse, une façon toute métaphysique de géné-
raliser la loi de Newton sur l'action et la réaction en mécanique.

Comment donner une idée de cette conception trouble, hors nature, et loin de toute
réalité ?

Un corps mis en mouvement avec une certaine vitesse, par propulsion, traction, frottement, percussion, devient chaud, souvent
même lumineux, et quelquefois, mais beaucoup plus rarement, électrique. S'il rentre en
équilibre, ou au repos, on peut encore constater pendant quelque temps son élévation de
température, son état lumineux, son degré
d'électrisation.

Eh bien, le métaphysicien (fût-il savant),
qui conçoit toujours les propriétés des corps,
mouvement, température, lumière, comme
étant distinctes des corps eux-mêmes, ou
comme des entités, des forces, des fluides
qui ne font que résider dans la substance sans
se confondre avec elle, estime que quand un

mobile passe de l'état d'activité à celui d'équilibre ou de repos, que le mouvement y cesse ou l'abandonne, et que l'on y constate chaleur et lumière, la *force* dite par lui *mouvement* ne disparait pas, puisque, selon lui encore, aucune force ne se perd, mais se transforme ou *se déguise*, si l'on veut, en d'autres *forces* appelées chaleur, lumière, etc., qui ne seraient que des changements de forme de la force mouvement.

Autre exemple :

« En psychologie comme ailleurs, a écrit M. Jules Soury, le travail produit est toujours égal aux forces employées, ce qui revient à dire que *les forces ne se créent pas*, mais se *transforment seulement*. Nos pensées et nos affections, nos livres et nos statues, nos révolutions et nos arts ne sont que des transformations de la chaleur solaire [1]. »

Ainsi, pour cet écrivain, zélé propagateur de la philosophie matérialiste allemande et anglaise, la force première éternelle et incréée, c'est la chaleur solaire, dont notre nutrition, notre respiration, notre locomotion, nos sentiments et nos pensées ne sont que des transformations ou des déguisements.

On ne saurait aller plus loin et plus droit.

Au point de vue de la philosophie positive au contraire, il n'y aurait, comme nous l'avons déjà fait observer, que des corps en mouvement ou en équilibre, à l'état dynamique ou à

1. *République française*, numéro du 13 juillet 1880.

l'état statique, chauds, lumineux, électriques, etc., suivant qu'ils manifestent actuellement telles ou telles de ces propriétés intrinsèques de leur substance.

Dans le cas qui nous occupe, le physicien mesure la vitesse du mobile, il calcule sa force en multipliant sa masse par sa vitesse, il constate sa température, etc.; mais il s'abstient de toute divagation sur la cause première et l'essence du mouvement, et sur sa prétendue transmutation en calorique, en lumière ou en électricité. Il étend à la physique la loi de corrélation des forces découverte en mécanique, mais il ne va pas au delà de la réalité. Il sait, d'ailleurs, qu'à tout instant des forces naturelles naissent et se perdent dans la réaction continue qu'exercent les uns sur les autres les différents corps et la multiplicité infinie des êtres.

B. — Sept catégories de phénomènes irréductibles.

L'auteur de la philosophie positive, d'après une analyse et une comparaison approfondie de tous les phénomènes réels ou de tous les modes d'existence aujourd'hui constatés, en a reconnu sept catégories dont aucune ne lui a paru pouvoir rentrer dans les autres, de manière à en réduire le nombre. C'est là un fait contingent ou d'observation, relatif à l'étude positive et intégrale de l'ordre naturel.

Ces sept catégories comprennent les phénomènes de nombre, d'étendue et de mouvement, ou *mathématiques* ; les faits physiques, appelés *astronomiques* si on les considère dans les astres, *physiques proprement dits* si on étudie la Terre au point de vue de ses propriétés les plus générales (pesanteur, chaleur, lumière, etc.); *chimiques* si on l'étudie dans ce qu'elle a de plus spécial, c'est-à-dire dans sa composition. L'ensemble de cette étude, relative au monde inorganique, à la nature morte, a reçu aussi le nom de *cosmologie*. Viennent ensuite les phénomènes que présentent les êtres organisés ou vivants, l'existence *biologique*; et enfin ceux relatifs à l'ordre humain, d'abord collectif (phénomènes politiques ou *sociaux*), puis individuel (faits *moraux*).

Ces sept catégories d'événements, qui représentent l'ordre naturel dans sa totalité, sont donc irréductibles les unes aux autres, c'est-à-dire que chaque catégorie, en allant des phénomènes mathématiques aux phénomènes moraux, contient au moins un élément de plus, une manière d'être nouvelle qui la distingue de la précédente et empêche que l'on puisse l'y ramener.

De plus, on peut remarquer que les phénomènes les plus simples, comme ceux de nombre, d'étendue et de mouvement, ou l'existence mathématique, sont en même temps les plus généraux, c'est-à-dire propres à un plus grand nombre d'êtres; de même que les plus compliqués, les faits sociaux et moraux par exemple, sont aussi les plus spéciaux, ou par-

-ticuliers au nombre d'êtres le plus restreint.

Rien ne peut mieux faire comprendre ce que c'est qu'une science abstraite, c'est-à-dire l'explication positive d'un groupe irréductible de phénomènes naturels, physiques, vitaux, sociaux, etc., ou d'une existence spéciale, d'après les lois qui leur sont propres.

Toute science proprement dite est une construction théorique en partie objective et en partie subjective, dont les éléments constituants, — des événements *sui generis*, — fournis par l'observation abstraite, sont ensuite rapprochés et classés par la méditation inductive et déductive qui en dégage et coordonne les lois, les relations constantes de similitude et surtout de succession.

Il est aisé aussi de se représenter, d'après ce qui précède, ce que l'on doit entendre, en ce qui concerne le Positivisme, par *synthèse subjective*, qui est le classement de toutes nos connaissances réelles par rapport au sujet qui fait l'observation, qui a la conception de l'ordre naturel, c'est-à-dire l'homme, et plus justement encore l'Humanité.

En effet, ce classement n'a pas la prétention de représenter strictement la réalité objective du monde, mais l'idée analytique que s'en fait notre entendement (le sujet) ; la coordination de ses conceptions à cet égard, et leur unité toute logique, n'existent pas absolument au dehors, et il tire de lui-même les procédés et les moyens de cette construction.

Ajoutons cependant que cet ordre abstrait

est encore la représentation la plus fidèle de l'ordre naturel ou concret, la hiérarchie des existences concordant spontanément avec l'échelle des êtres ou des corps. Car les plus simples d'entre eux, les astres, ne présentent guère pour nous, avec certitude, que des propriétés d'ordre mathématique ; sur notre globe, les minéraux, outre ces dernières qualités, ont des propriétés physiques et chimiques seulement ; les corps vivants, végétaux et animaux, ajoutent à ces divers événements des qualités nouvelles, un double mouvement intérieur d'assimilation et de désassimilation, et, pour les derniers, la sensibilité et la motilité. Enfin les peuples, êtres collectifs ou d'ordre social, nous offrent, outre toutes les propriétés des corps déjà considérés, des phénomènes nouveaux d'activité, d'intelligence et de moralité qui n'arrivent que chez eux à un développement caractéristique.

On ne doit pas oublier, du reste, ce que nous avons déjà indiqué précédemment, à savoir que, parallèlement à la grande construction théorique qui émane de la raison abstraite, la synthèse subjective, le Positivisme admet et coordonne, pour la raison concrète propre à guider la pratique journalière de la vie, et particulièrement destinée aux industriels et aux femmes chargées de la première éducation de l'enfant, une encyclopédie de notions relatives aux êtres, où l'on devra toujours puiser les premières connaissances positives sur l'ensemble du milieu terrestre.

V. — Des lois naturelles des phénomènes poli-
tiques, ou lois sociologiques, d'où possibilité d'une science sociale.

La quatrième conception essentielle de la
philosophie positive, c'est que les phénomènes
sociaux (l'existence politique) sont, comme
ceux d'ordre physique et biologique, soumis
à des lois naturelles statiques et dynamiques,
constituant pour notre espèce une domination
qui n'est modifiable que sous certains rapports et dans certaines limites. C'est cette modificabilité qui fait l'objet de l'*art politique*
ou de la politique proprement dite, tandis que
la connaissance des lois abstraites de l'ordre
et du progrès constitue la *sociologie* elle-
même, ou la science sociale.

Les lois statiques de l'ordre humain concernent la structure même de toute société,
ses institutions mères, sa trame nécessaire : la
propriété, la famille, le langage, le gouvernement temporel ou politique, le lien spirituel
ou religieux.

Les lois dynamiques sont les plus caracté-
risées et concernent les trois aspects essentiels
de la nature humaine intellectuelle et morale,
tout ce qui est d'ordre physique ou matériel
ayant été étudié en biologie.

Voici ces lois, bien connues aujourd'hui
sous la désignation de *lois des trois états* :

1° « *Intégralement conçue, la loi fondamentale de l'évolution intellectuelle consiste*

dans le passage nécessaire de toutes les théo-
ries humaines par trois états successifs. Le
premier, théologique ou fictif, est toujours
provisoire; le second, métaphysique ou ab-
strait, purement transitoire; et le troisième,
positif ou scientifique, est seul définitif [1]. »

Par théories, il faut entendre nos manières
de voir quelconques sur le monde et sur
l'homme.

2º L'activité humaine, l'action de l'homme
sur le milieu extérieur, cosmique et social,
passe aussi par trois phases successives inévitables : *d'abord militaire conquérante, elle*
tend toujours et partout à devenir pacifique
ou industrielle, en passant par une phase
militaire défensive.

3º Le sentiment en général (l'instinct social),
qui n'a pas d'évolution propre, présente cependant aussi une marche ascendante, d'après
l'action des deux mouvements précédents ,
théorique et pratique : *la sociabilité, d'abord*
domestique, puis civique, devient enfin uni-
verselle.

Ce n'est donc point par un concours fortuit
que l'amour de l'Humanité coïncide, de nos
jours, avec l'avènement de la mentalité scientifique et de l'activité industrielle.

Voilà comment la loi des trois états, embras-

1. Auguste Comte, *Traité de politique positive,*
t. III, ch. i, p. 28. — Voir tout le chapitre : Théorie
positive de l'évolution humaine ; lois générales du
mouvement intellectuel et social.

sant les attributs essentiels de notre nature,
l'esprit, le caractère ou l'activité, et le cœur, a
pu fournir la base sur laquelle Auguste Comte
a fondé la science sociale, parce que, tout en
expliquant le passé et le présent, elle a démontré que le progrès définitif (l'avenir) doit
consister dans l'état *positif de notre raison,
de notre action et de notre moralité*, et fixé
ainsi définitivement le but de la progression
humaine.

Mais le fondateur du Positivisme ne s'est
pas engagé seul et sans précurseurs dans la
voie qui l'a conduit à l'établissement de la
sociologie. Des penseurs illustres l'y avaient
précédé. Pour ne citer que les principaux depuis Aristote, Montesquieu déjà avait pressenti et formulé l'existence de lois naturelles
sociologiques, mais il n'en avait formulé aucune, et il en est de même pour Turgot.

De son côté, le président de Brosse, dans un
opuscule remarquable, avait reconnu toute
l'importance du début fétichique commun à
notre espèce, et Georges Leroy l'affinité de ce
premier état mental, moral et social avec la
situation spontanée des animaux les plus élevés et les plus près de nous. Condorcet avait
été plus loin, et il avait essayé avec un rare
bonheur de tracer le tableau historique des
progrès de l'esprit humain. C'était une vue
de génie, une esquisse admirable de la marche de notre entendement à la recherche de la
vérité, avec le pressentiment de la direction des
lois naturelles, mais sans en formuler encore

ni préciser aucune. En Angleterre, David Hume indiquait les deux termes extrêmes de la loi de notre activité, sans parvenir cependant à trouver le lien intermédiaire, qui ne pouvait être indiqué que par l'école rétrograde, seule capable de comprendre et d'apprécier suffisamment le moyen âge, anneau essentiel de la chaine des temps. C'est donc ici que se placent les travaux de philosophie historique de Joseph de Maistre et de Bonald, dont Auguste Comte s'est assimilé la substance.

Enfin, nous ne faisons pas difficulté d'admettre qu'un homme très peu connu comme philosophe et qui ne figure pas d'habitude parmi cette élite de penseurs, le Dr Burdin, que nous avons le premier signalé comme pouvant s'y rattacher, ait contribué à réunir, développer et préciser tant d'aperçus préliminaires.

Mais, pour enlever son originalité et son mérite à l'œuvre de Comte, les adversaires du Positivisme ont imaginé d'attribuer à Burdin la découverte de la loi des trois états.

En fait ni en théorie, rien ne peut justifier une telle prétention [1].

Comment expliquer en effet que Saint-Si-

1. Comparer, sur cette importante question, les paragraphes 2 et 3 de la deuxième partie de notre *Notice sur l'œuvre et sur la vie d'Auguste Comte*, plus une brochure intitulée *La loi des trois états*, réponse à M. Renouvier, par le Dr Sémérie, avec le *Mémoire sur la science de l'homme* (1813), par H. de Saint-Simon, t. XI de ses œuvres, édition Enfantin.

mon, en 1822, ait, par *acte sous seing privé*, acheté à Auguste Comte, pour le *Catéchisme des Industriels*, la publication de ses premiers travaux sur la philosophie politique, et, en particulier de la loi des trois états, si bien avant, en 1813, il avait réellement reçu du Dr Burdin communication de cette grande découverte, *et s'il l'avait ensuite communiquée lui-même à Auguste Comte?* Comment admettre que Burdin n'ait pas de son côté propagé et publié bien avant 1822 un fait philosophique aussi considérable, et que, vivant encore et présent à Paris, où il était en relation avec Saint-Simon lorsque Comte en fit imprimer le premier énoncé, l'auteur du *Catéchisme des industriels* ne se soit pas adressé à lui plutôt qu'au dernier, pour reproduire sa prétendue découverte, ou que tout au moins le Dr Burdin *n'en ait pas aussitôt réclamé la propriété?* Il est donc certain que Comte n'avait pas eu connaissance du *Mémoire sur la Science de l'Homme*, que Burdin et Saint-Simon ne lui avaient rien transmis, et que ni Burdin ni Saint-Simon *ne confondaient euxmêmes les aperçus sociologiques publiés en 1813 avec la découverte réelle et la formulation précise de la loi des trois états en 1822*. L'opiniâtreté des détracteurs du Positivisme sur ce point prouve donc seulement l'importance de la création philosophique de Comte, mais ne conclut absolument rien contre sa paternité à ce sujet.

Donc, quelque remarquables et précieux que

soient les travaux préliminaires dont nous venons de parler, ils ne constituaient bien réellement, quant à la découverte des lois sociologiques et quant à la construction de la science sociale elle-même, que des vues et des aperçus généraux, manquant d'ensemble, de systématisation, et même souvent contradictoires (surtout chez le Dr Burdin) ; il n'y avait pas là de construction abstraite proprement dite.

En effet, Montesquieu avait entrevu des relations fixes entre certains faits historiques et même affirmé en histoire la notion de loi naturelle, mais sans en formuler aucune, nous le répétons. Turgot, qui croyait en Dieu, n'avait point osé étendre jusqu'à la politique cette même notion qu'il entrevoyait pour les faits cosmologiques, en la subordonnant, bien entendu, à la puissance surnaturelle. Condorcet, malgré les vues de Montesquieu, Turgot et Hume, n'avait pas davantage précisé la nature de la progression normale de notre entendement ni de notre activité. Et le Dr Burdin, qui en avait eu un pressentiment beaucoup plus accusé , *quoique inconscient* , admettait néanmoins la possibilité de ramener tous les phénomènes, y compris les manifestations de notre appareil cérébral, et toutes les lois naturelles, à *celle de la gravitation*, et, de plus, il croyait avec Dupuis que les dogmes religieux ou théologiques avaient été précédés par un état scientifique plus ou moins développé, ce qui implique la subversion et la méconnaissance complètes de cette progression réelle et naturelle.de notre esprit par lui-même vaguement indiquée.

On peut donc affirmer que, préparée par les différents penseurs que nous avons signalés, la question de la fondation de la science sociale était entière avant Auguste Comte, et que seul il l'a résolue en soumettant à l'observation et à la méditation abstraites les phénomènes de l'histoire, et en dégageant les lois de la structure et du développement de l'Humanité, des caractères communs à tous ses éléments quelconques, individuels et collectifs (ethnographiques, anthropologiques, politiques, sociaux, etc.), dans tous les temps et dans tous les lieux. Opération immense et vraiment capitale, qui n'avait jamais été ébauchée, ni même systématiquement conçue avant lui, et que, seul peut-être, parmi ceux qui l'ont entrevue, l'illustre et malheureux Condorcet aurait pu mener à fin s'il eût suffisamment vécu [1].

1. Afin de lever toute incertitude sur l'existence actuelle de ce corps de doctrine, la *sociologie*, nous avons donné à la fin de notre volume, comme annexe, le programme complet de cette science, telle qu'elle a été exposée par Auguste Comte dans ses cours publics et dans ses principaux ouvrages, et professée sans interruption, depuis sa mort, par son successeur M. Pierre Laffitte.

VI. — Coordination subjective des sciences abstraites d'après la sociologie.

Cinquième idée fondamentale :

Toutes nos manières de voir ou conceptions touchant des sujets quelconques étant devenues positives, peuvent et doivent être coordonnées d'après le point de vue social, afin que toutes nos connaissances réelles concourent au service de l'Humanité [1].

Ce que nous avons établi précédemment quant à la nécessité de l'abstraction, ce que nous avons dit de l'irréductibilité des lois naturelles, nous a prouvé que ces grandes relations spontanées étant nécessairement multiples et même en nombre considérable, il est impossible de les ramener objectivement à l'unité, c'est-à-dire d'en trouver une qui comprenne et explique toutes les autres.

Comment donc faire de l'ensemble de ces lois une synthèse cependant nécessaire pour les saisir, les comprendre et les garder simultanément dans notre esprit, de manière à former un tout de l'intégralité des connaissances positives, une échelle continue des existences et même des êtres qui les manifestent, et qui sont l'objet réel de nos méditations ?

On sait que le principe fondamental de la philosophie positive consiste dans la concep-

1. Auguste Comte, *Philosophie positive*, t. VI, 60ᵉ leçon (conclusions).

tion d'un ordre naturel immuable auquel sont
soumis les événements de tous genres; mais il
faut rappeler ici que cet ordre concerne en
même temps le monde ou l'*objet*, et l'agent
contemplateur, l'homme ou le *sujet*. « Des lois
physiques supposent, en effet, des lois logiques, et réciproquement. *Si notre entendement ne suivait spontanément aucune règle,
il ne pourrait jamais apprécier l'harmonie
extérieure.* Le monde étant plus simple et
plus puissant que l'homme, la régularité de
celui-ci serait encore moins conciliable avec
le désordre de celui-là. Toute foi positive repose donc sur cette double harmonie entre
l'objet et le sujet [1]. »

Dès lors aussi, toute loi véritable résulte
d'une observation extérieure et d'une conception intérieure, d'un élément objectif fourni
par le monde et d'un élément subjectif fourni
par le cerveau, d'un rapport saisi au dehors
de lui-même par notre entendement, d'après
l'harmonie qui existe entre la chose appréciée
et la fonction appréciatrice. Dans toutes nos
conceptions donc, le monde fournit la matière,
et l'esprit détermine la forme, et c'est en partant de cette disposition fondamentale que
l'on peut finalement arriver à instituer l'unité
théorique.

Il y a trois sortes de lois abstraites, physiques, intellectuelles ou logiques, et morales.
Les premières, relatives à l'existence maté-

---

1. Auguste Comte, *Catéchisme positiviste.*

rielle, expriment les relations constantes des
nombres, de l'étendue, du mouvement, de la
pesanteur, de la chaleur, de l'électricité, du
son, de la lumière, etc., de la composition et
de la décomposition chimiques, de toute vitalité inférieure, végétative et animale. Les
secondes concernent les dispositions fondamentales et les processus essentiels de l'entendement. Enfin les dernières sont relatives à la
sociabilité. Nous avons donné précédemment,
des unes et des autres, des exemples assez ca-
ractérisés pour qu'il ne soit pas nécessaire d'y
revenir encore.

L'étude positive du monde et de l'homme
surgit naturellement de la contemplation de
l'ordre physique, plus simple et plus indépen-
dant, et l'on put de bonne heure y établir des
conceptions durables, tandis que, vu sa complication supérieure et son extrême dépendance, le domaine moral n'a pu être, pendant
de longs siècles et jusqu'à nos jours, qu'empiriquement cultivé, et que son étude, avant
la fondation du Positivisme, n'a pu fournir
aucune conception systématique. Cependant,
si la connaissance des lois physiques constitue
la base de nos opinions réelles, le terme des
méditations humaines réside certainement
dans l'ordre moral, qui en est l'objet à la fois
le plus important et le plus élevé, ce qui fait
que l'unité du système ne peut s'établir que
par la liaison de ces deux domaines extrêmes.

Or cette liaison peut s'opérer, comme elle
s'effectue en effet, par l'intermédiaire de la

science sociale, dont la constitution positive
est essentiellement caractérisée par les lois intellectuelles, puisque, des trois éléments de
l'existence sociale ou de la vie publique, le
sentiment, l'intelligence et l'activité, l'intelligence se trouve naturellement prépondérante.
Car le sentiment ne fournit, relativement à
l'existence collective, que des réactions intimes, qui, vu leur opposition réciproque,
s'annulent envers l'espèce, bien qu'elles soient
très importantes à l'égard des individus, et
l'esprit seul, dans une situation donnée, trace
à l'activité la marche qu'elle doit suivre et
réagit sur le sentiment pour le modifier dans
le même sens.

L'intelligence, qui produit des créations, des
résultats susceptibles de s'accumuler et de
présenter une série, est donc seule capable de
caractériser assez l'évolution sociale; la succession historique et les lois de l'existence
collective peuvent se réduire finalement aux
lois logiques, qui représentent le mieux cette
filiation. Ce sont donc, en définitive, ces grands
modes intellectuels et leurs relations réciproques qui nous fournissent le principe de la
coordination de toutes les lois abstraites et
qui nous permettent d'établir la liaison nécessaire entre le domaine physique et le domaine
moral, par l'intermédiaire du domaine logique.

Pour le bien faire saisir, il suffira de rappeler ici les principales lois intellectuelles :

1re : Le monde extérieur fournit à l'entende-

ment les matériaux objectifs de ses constructions subjectives (Hippocrate, Aristote, Leibnitz, Kant, Auguste Comte).

2° : L'esprit est forcé de prendre toujours en
lui-même les liens subjectifs de ses impressions objectives, nécessairement incohérentes
(Auguste Comte).

3° : Toute conception théorique passe par
trois états successifs : théologique, métaphysique et positif (Auguste Comte).

4° : Nos conceptions théoriques se développent suivant la généralité décroissante et la
complication croissante des phénomènes correspondants (Auguste Comte).

Les deux premières de ces lois, en établissant
les bases de notre constitution mentale, fournissent le principe logique de la systématisation
des lois naturelles et déterminent son caractère pleinement subjectif. La troisième établit
les conditions du mouvement intellectuel, le
terme normal et réel de toute évolution mentale, et par conséquent la nature positive de
la synthèse finale. Enfin la dernière fournit
le moyen d'instituer dans tous ses détails la
hiérarchie des lois abstraites, l'échelle des
existences, et même la série des êtres qui les
présentent.

Subjectivement envisagée, elle fournit le
principe de la filiation réelle de nos conceptions
abstraites, tandis que, objectivement considérée, elle permet le classement des phénomènes. Elle établit donc une corrélation véritable et une profonde harmonie entre nos

observations et nos conceptions, entre la raison concrète et la raison abstraite, ce qui permet d'instituer une systématisation universelle.

En résumé, toute synthèse objective ou extérieure est impossible, vu l'indivisibilité des êtres et l'irréductibilité des phénomènes et des lois. Il n'y a de possible qu'une synthèse subjective, soit une coordination générale des existences (physique, vitale, sociale, etc.) entre elles et par rapport à la plus élevée de toutes, l'existence sociale ; il n'y a de réalisable qu'une systématisation de nos connaissances sur le monde et sur l'homme par rapport à l'Humanité, qui contemple l'ordre universel et l'explique afin de l'améliorer.

VII. — Résumé de la philosophie première.

Nous voilà bien avancés déjà dans la connaissance positive, et nous n'avons pas encore abordé l'objet propre de cette philosophie, c'est-à-dire la constitution de la science universelle, qui doit être exposée dans la deuxième partie de ce résumé ; c'est qu'en effet nous n'avons considéré jusqu'ici que les prolégomènes les plus indispensables à l'intelligence de la grande construction scientifique qualifiée par Auguste Comte de *philosophie seconde.*

Par opposition à celle-ci, il a aussi désigné sous la dénomination de *philosophie première* les préliminaires logiques que nous

venons de rappeler et qui forment, avec un
certain nombre de lois naturelles plus générales encore que celles qui concourent à
fournir la série des sciences proprement
dites, ces *premiers principes* entrevus par
Bacon, dont l'établissement était un de ses
principaux *desiderata* et qui ont enfin été
réunis en un corps de doctrine par le fondateur du Positivisme.

Il en est de même d'une série importante de
questions posées par Aristote, Leibnitz, Hume
et Kant, et résolues ici par Auguste Comte.
Toutefois, excepté pour les principales de
ces lois, il n'avait fait qu'en fixer le nombre,
en fournir l'énoncé et en donner le programme, avec quelques indications générales,
dans son Traité de politique positive.

Il appartenait à l'homme qu'il appelait « son
principal disciple » [1] — nous avons nommé
M. Pierre Laffite — d'en présenter la démonstration et le développement complet [2].

C'est pour ce service, et pour un office équivalent envers l'élaboration de cette science
morale que la mort seule empêcha le fonda-
deur du Positivisme d'achever, que M. Laffite
doit voir associer son nom à celui du Maître

1. *Testament et confessions* (inédit); *circulaires an-
nuelles.*

2. *Cours de philosophie première*, en vingt leçons,
professé plusieurs fois, rue Monsieur-le-Prince, n° 10,
de 1859 à 1878, d'après le plan tracé par Auguste
Comte pour l'enseignement positiviste; — en cours
de publication dans la *Revue occidentale.*

et que nous n'avons pas hésité à le présenter ici comme son continuateur réel, comme son successeur théorique.

Le corps de doctrine désormais connu sous le nom de *philosophie première*, qui comprend aussi l'ensemble des notions générales que nous venons d'exposer, consiste en quinze grandes lois naturelles classées en trois groupes successifs, dans lesquels nous allons retrouver la plupart de celles que nous avons déjà signalées; ces lois, ou *principes universels*, consistent dans les relations abstraites les plus générales que puissent présenter les phénomènes quelconques; elles sont indépendantes de la nature même de ces phénomèmes et communes à chacune des grandes catégories d'événements que présente l'ordre réel. Elles sont subjectives, ou objectives, c'est-à-dire relatives à l'homme ou au monde lui-même.

Premier groupe, autant objectif que subjectif; il se compose de trois lois seulement.

1re : *Former l'hypothèse la plus simple et la plus sympathique que comporte l'ensemble des renseignements à représenter.* C'est une loi subjective, qui concerne la conduite de notre entendement, loi logique par conséquent. Elle est due, comme les deux suivantes, à Auguste Comte.

2e : *Concevoir comme immuables les lois quelconques qui régissent les êtres d'après les événements.* C'est une loi objective, ou concernant surtout le monde extérieur.

3° : *Les modifications quelconques de l'ordre universel sont bornées à l'intensité des phénomènes, dont l'arrangement demeure inaltérable.* C'est une loi objective, comme la précédente, qu'elle complète.

Deuxième groupe, essentiellement subjectif et surtout relatif à l'entendement.

Premier sous-groupe : il se rapporte à l'état statique de notre intelligence :

1re loi : *Subordonner les constructions subjectives aux matériaux objectifs*, la méditation à l'observation (Aristote, Leibnitz, Kant, A. Comte).

2° : *Les images intérieures sont toujours moins vives et moins nettes que les impressions extérieures*, ou nos souvenirs que nos sensations immédiates (A. Comte).

3° : *Toute image normale doit être prépondérante sur celles que l'agitation cérébrale fait simultanément surgir;* l'image normale, c'est-à-dire la conception ou la représentation intérieure la plus rapprochée de la réalité extérieure (A. Comte).

Deuxième sous-groupe, relatif à l'essor de l'intelligence et du moral, à leur dynamique :

1re loi : *Chaque entendement présente la succession des trois états : fictif, abstrait, positif, envers les conceptions quelconques, avec une vitesse proportionnée à la généralité des phénomènes correspondants* (Auguste Comte).

2° : *L'activité est d'abord conquérante, puis défensive, et enfin industrielle* (A. Comte).

3ᵉ : *La sociabilité est d'abord domestique, puis civique et enfin universelle, suivant la nature propre à chacun des trois instincts sympathiques* (attachement, vénération, bonté ; — Auguste Comte.)

TROISIÈME GROUPE, essentiellement objectif, ou relatif au monde.

Premier sous-groupe :

1ʳᵉ loi : *Tout état statique ou dynamique tend à persister spontanément sans aucune altération, en résistant aux perturbations extérieures* (Képler). On peut constater cette loi autant en sociologie qu'en biologie et en physique.

2ᵉ : *Un système quelconque maintient sa constitution, active ou passive, quand ses éléments éprouvent des mutations simultanées, pourvu qu'elles soient exactement communes* (Galilée). C'est le cas des personnes qui sont entraînées par un véhicule quelconque, ballon, voiture, navire, et qui y conservent leurs relations réciproques.

3ᵉ : *Il y a toujours équivalence entre la réaction et l'action, si leur intensité est mesurée conformément à la nature de chaque conflit* (Huyghens, Newton, A. Comte). Le monde politique, autant que le monde physique, fournit la vérification de cette loi.

Deuxième sous-groupe :

1ʳᵉ loi : *Subordonner toujours la théorie du mouvement à celle de l'existence, en concevant tout progrès comme le développement de l'ordre correspondant, dont les*

*conditions quelconques régissent les muta-
tions, qui constituent l'évolution* (Auguste
Comte).

2° : *Tout classement positif doit procéder
d'après la généralité croissante ou décroissante, tant subjective qu'objective* (Auguste
Comte), c'est-à-dire d'après la complication
augmentée ou diminuée des phénomènes présentés par les êtres.

3° : *Tout intermédiaire doit être normale-
ment subordonné aux deux extrêmes, dont
il opère la liaison ;* par exemple, les termes
moyens de la progression intellectuelle et pratique, l'état abstrait et l'état militaire défensif.

Tel est l'objet de la philosophie première.

Il nous est possible, à présent, de donner
une formule générale de la philosophie positive : considérée d'ensemble, elle n'est autre
chose que la systématisation scientifique des
idées humaines ou l'explication réelle du
monde et de l'homme d'après le régime des
lois naturelles substitué partout au règne des
volontés divines. Elle consiste donc essentiellement dans l'application complète de la notion de loi à tous les phénomènes réels, objectifs et subjectifs, ou dans la conception
scientifique de l'ordre universel, cosmologique, vital, social et moral. Elle délaisse par
conséquent les *causes*, comme étant à la fois
une recherche inaccessible et vaine ; elle abandonne le *pourquoi* et ne se préoccupe que
du *comment*, c'est-à-dire des lois effectives
des phénomènes de tout genre, de leurs rap-

ports réels et constants. Enfin elle susbtitue partout le relatif à l'absolu et renonce à la synthèse objective d'après une cause première, unique et omnigénératrice, pour n'admettre que des lois multiples, dont la coordination ne peut être faite que subjectivement, par rapport au Grand-être collectif contemplateur du milieu ambiant, l'Humanité. En même temps, la philosophie positive repose tout entière sur la séparation du concret et de l'abstrait, sur la division de la science et de l'art. Elle ne spécule directement que sur l'existence, sur les phénomènes qui la composent, mais nullement sur les êtres qui la manifestent, dont elle réserve l'étude spéciale à la pratique. Au point de vue de la méthode comme au point de vue scientifique, la philosophie positive institue donc un renouvellement total et un état plus parfait de la mentalité humaine.

Ici se termine la première partie de notre tâche, celle qui avait pour but de résumer le plus succinctement possible les bases logiques du Positivisme, et de faire comprendre en quoi consiste essentiellement l'état positif de notre intelligence. Dans la seconde partie de cet opuscule nous allons exposer, en le réduisant à ses éléments les plus simples, le système complet des sciences abstraites, objet principal de la philosophie positive.

DEUXIÈME PARTIE

OBJET DE LA PHILOSOPHIE POSITIVE. — LA SÉRIE
ENCYCLOPÉDIQUE DES SCIENCES ABSTRAITES.
— PHILOSOPHIE SECONDE.

I. — Institution de la série encyclopédique des sciences abstraites.

Avec la masse des choses et des faits observés, avec l'ensemble des connaissances relatives aux phénomènes et aux êtres, l'esprit positif a formé des groupes, des catégories, des séries, et dégagé des rapports généraux ou lois qui ont donné lieu aux différentes constructions scientifiques que nous possédons aujourd'hui, et, finalement, à la science universelle.

La mathématique s'est lentement élaborée, depuis Thalès, Pythagore et Archimède, jusqu'à Newton, Descartes, Leibnitz, d'Alembert et Lagrange ; l'astronomie, depuis Eudoxe, Ptolémée, Hipparque, jusqu'à Képler, Copernic, Huyghens et Laplace. La physique, beaucoup plus tard, s'est constituée avec Galilée, Bradley, Roëmer, Watt, Volta, Sauveur, etc.; la chimie par Lavoisier, Scheele, Priestley, Berthollet, Berzélius, Liebig et tant d'autres; enfin la biologie a surgi aussitôt, d'après les travaux de Linnée, Jussieu, Harvey, Haller, Vicq-d'Azir, Buffon, Lamarck, Bichat, Gall, Broussais, Blainville, etc., qui ont si solidement établi la notion positive de *vie*, ses conditions et ses degrés : *vegetalia crescunt et vivunt ; animalia crescunt, vivunt, sentiunt et movent.*

Toutes ces sciences, préliminaires en tant que relatives au monde, constituent ce que l'on appelle encore la *philosophie naturelle.*

Restait l'ordre humain.

C'est Auguste Comte qui a comblé la lacune, avons-nous dit, en s'appuyant sur les travaux antérieurs d'Aristote, d'Hobbes, de Bossuet, de Montesquieu, de Hume, de Turgot et des physiocrates, de Condorcet, de Voltaire même (*Essai sur les mœurs*) et de de Maistre, en sociologie, et sur ceux des Diderot, Hume encore, Georges Leroy, Gall, Cabanis, en ce qui concerne la science de l'homme individuel, la morale. C'est de 1819 à 1854 qu'il fonda la première, et de 1852 à 1857 qu'il élabora la dernière, sans en pouvoir laisser davantage que la situation encyclopédique, les linéaments essentiels et le plan.

De plus, ayant su s'assimiler l'ensemble du savoir humain, la totalité des sciences, la notion précise de tout ce qui est observable et démontrable, Comte parvint à lier tant d'éléments épars pour en former un système unique, la série encyclopédique des sciences abstraites, d'après les grands principes de philosophie première que nous avons précédemment exposés [1].

Ce sont ces grandes influences naturelles dont l'action spontanée et permanente a fini par amener la coordination des découvertes scientifiques quelconques, ou la philosophie positive, qui ont permis à son puissant créateur de se trouver ainsi en complet accord, pour sa construction systématique, avec toutes les tendances spontanées, indépendantes et non concertées, de ses plus lointains précurseurs.

Le tableau ci-contre, emprunté à Auguste Comte, présente d'emblée la confirmation de cette concordance admirable, nullement fortuite, puisque l'échelle des sciences à sept degrés (mathématique, astronomie, physique, chimie, biologie, sociologie et morale) peut y être également descendue ou remontée, selon que l'on se place au point de vue dogmatique et subjectif, ou au point de vue historique et objectif, sans enfreindre aucun des principes logiques du classement positif.

1. Voyez première partie, p. 126 à 131.

HIÉRARCHIE THÉORIQUE DES CONCEPTIONS HUMAINES

OU TABLEAU SYNTHÉTIQUE DE L'ORDRE UNIVERSEL

Philosophie positive (philosophie seconde).

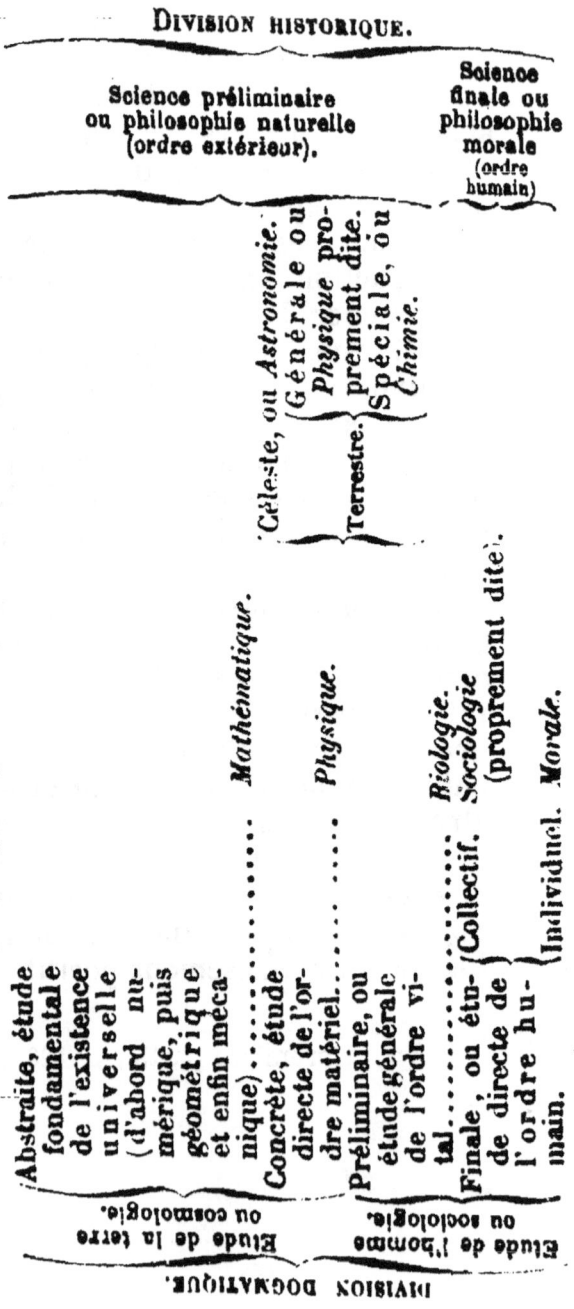

DIVISION HISTORIQUE.

- Science préliminaire ou philosophie naturelle (ordre extérieur).
- Science finale ou philosophie morale (ordre humain)

DIVISION DOGMATIQUE.

- Étude de la terre ou cosmologie.
- Étude de l'homme ou sociologie.

Abstraite, étude fondamentale de l'existence universelle (d'abord numérique, puis géométrique et enfin mécanique)............ *Mathématique.*

Concrète, étude directe de l'ordre matériel............ *Physique.*
- Céleste, ou *Astronomie.*
- Terrestre. { Générale ou *Physique* proprement dite. / Spéciale, ou *Chimie.* }

Préliminaire, ou étude générale de l'ordre vital............ *Biologie.*

Finale, ou étude directe de l'ordre humain. { Collectif. *Sociologie* (proprement dite). / Individuel. *Morale.* }

En allant du sujet à l'objet ou de l'homme au monde et des phénomènes les plus compliqués et les moins généraux aux plus simples et aux plus répandus, la systématisation positive place la *morale* en tête de la hiérarchie scientifique.

En effet, cette science, dans sa partie théorique, institue la connaissance de la nature humaine, surtout intellectuelle et morale, tandis que, dans sa partie pratique, elle formule les règles destinées à la perfectionner, les préceptes de l'*art humain*. Elle est donc à la fois la plus complète, la plus compliquée et la plus directement utile de toutes celles qui composent la série fondamentale de nos connaissances. Car, outre les éléments des autres sciences qui influent sur sa constitution et s'incorporent à son objet, elle considère spécialement les réactions intimes et réciproques du physique et du moral et celles du sentiment sur l'intelligence et l'activité, écartées en sociologie, comme trop spéciales et trop indirectes. Par exemple, en étudiant la loi d'évolution de l'activité humaine, on ne tient aucun compte des réactions simultanées du sentiment, on en fait abstraction, tandis qu'elles deviennent prépondérantes si, au lieu du cas sociologique, on passe à l'examen d'une question de morale individuelle.

Mais la philosophie positive ne recherchant jamais que la loi, le *comment* des phénomènes, afin de mieux diriger l'activité de l'homme vers son but social, fait reposer la science morale sur l'étude de l'existence collective, puisqu'il faut connaître la société, étudier l'individu qui doit la servir. Il faut posséder la *sociologie*, par conséquent, avant d'aborder la *morale*.

De même, l'étude de la science sociale suppose la connaissance des lois vitales ; car les peuples, qui forment l'élément contemporain, dans l'Humanité, sont des êtres vivants, et si les conditions essentielles de la vitalité venaient à changer, par exemple si l'homme arrivait à pouvoir vivre en respirant et sans manger, ou si les limites de son existence étaient considérablement reculées, les phénomènes sociaux en seraient affectés profondément. La sociologie suppose donc et institue au-dessous d'elle la *biologie*. Mais, à leur tour, tous les êtres vivants sont des corps, et, comme tels, se trouvent soumis aux lois les plus générales de l'ordre matériel, bien que leur spontanéité n'en soit pas annulée ; d'où la subordination de la *biologie* à la *cosmologie*, qui étudie la planète sous l'aspect physique, comme théâtre des existences supérieures, vitale, sociale et morale.

Les termes successifs de cette hiérarchie sont donc, d'après leurs rapports de plus en plus éloignés avec l'Humanité : la *morale*, la *sociologie*, la *biologie*, la *chimie*, la *physique*, l'*astronomie* et la *mathématique*.

Mais cette échelle philosophique comporte, avons-nous dit, une marche inverse, si l'on se place au point de vue objectif, c'est-à-dire si

l'on s'élève du monde à l'homme, en allant des
phénomènes les plus simples et les plus généraux aux plus spéciaux et aux plus compliqués, au lieu de descendre, comme tout à
l'heure, du sujet à l'objet. Dans ce cas on va
de la *mathématique* à la *morale* par les
mêmes degrés que nous avons indiqués : *astronomie, physique, chimie, biologie, science
sociale et morale.* C'est la marche historique
et spontanée, celle qu'a suivie l'esprit humain
pour arriver à la connaissance complète des
choses, avant d'avoir pu la coordonner.

De plus, la complication des événements
qui sont l'objet de toutes nos constructions
scientifiques correspondant naturellement à
celle des êtres chez qui l'on peut les observer,
la hiérarchie théorique coïncide avec celle de
ces êtres eux-mêmes, ou tout au moins avec
la série des propriétés et des modes d'existence qu'ils manifestent. Ainsi , la filiation
des conceptions positives, d'après le degré
de généralité décroissante et de complication
croissante correspond à la gradation des existences physique, vitale et sociale, comme à
celle des êtres, puisque les phénomènes les
plus compliqués sont partout subordonnés
aux plus simples et que chaque mode d'existence peut être étudié chez des êtres distincts,
de moins en moins généraux et indépendants,
à mesure qu'ils sont plus développés et plus
élevés.

Par exemple, l'existence mathématique (nombre, étendue, mouvement), quoique univer-

selle, peut être surtout considérée dans les astres, qui ne présentent que cette manière d'être à un degré suffisant de précision scientifique. L'existence physique, bien que propre à tous les corps terrestres, s'offre seule, avec les faits d'ordre mathématique, chez ceux que nous appelons inorganiques. L'existence biologique, dont sont doués tous les êtres vivants, est la plus élevée que la plupart d'entre eux (végétaux et animaux) possèdent. Enfin l'existence sociale, plus compliquée encore que les précédentes et moins générale, est cependant le degré le plus développé qu'offrent les êtres collectifs, les peuples, tandis que l'existence morale, qui présente bien réellement un élément de plus que toutes celles que nous venons d'envisager, l'étude du sentiment, ne se rencontre suffisamment que chez l'homme individuellement considéré.

La hiérarchie théorique comporte donc bien réellement un double aspect, et elle peut être prise en deux sens opposés, puisqu'elle concerne également nos conceptions et les existences qui en constituent l'objet.

D'autre part, sous l'aspect logique, celui de la méthode, la série ascendante (allant du monde à l'homme) indique la marche normale et indispensable de l'éducation théorique et l'essor graduel du vrai raisonnement, qui doit s'exercer toujours sur des objets réels et qui développe successivement en mathématique l'aptitude déductive, en physique l'induction d'après observation et expérimentation, la no-

menclature en chimie, la comparaison en biologie et en sociologie la filiation.

L'ensemble de ces divers procédés intellectuels constitue la méthode objective.

Quant à la méthode subjective, allant de
l'homme au monde et instituant d'après la considération de la destination sociale et de l'op-
portunité actuelle le système de nos connaissances, elle choisit les sujets à étudier et fixe
leurs divers degrés d'extension.

De ces deux modes généraux de raisonnement respectivement propres à l'analyse et à la
synthèse résulte la logique positive, instrument seul complet et seul apte à instituer et
perfectionner l'ensemble de nos conceptions.

La marche rationnelle de l'instruction positive est aussi fixée par le double classement
de nos conceptions et de nos observations,
d'après leur degré de généralité décroissante
et de complication croissante; elle prépare et
fortifie le sujet à mesure que l'objet se développe et présente plus de difficulté.

D'ailleurs, que l'on monte ou que l'on des-
cende les sept degrés de l'échelle de nos connaissances, la *morale* apparaît toujours comme
la science par excellence, la plus complète et
qui rattache directement par sa destination
principale (qui est d'améliorer l'agent humain).
l'ensemble des sciences au principe de leur
coordination, l'Humanité. C'est ce point de
vue moral qui introduit dans la philosophie
positive la discipline et l'unité nécessaires à
sa constitution; en prescrivant de restreindre

chaque terme encyclopédique au développement qu'exige l'institution du suivant et réser-
vant à la culture faite en vue de la pratique,
ou aux études concrètes, les connaissances
de détail indispensables à l'action technique,
industrielle, agricole, manufacturière ou esthétique.

Chacun des deux grands procédés spécu-
latifs (objectif et subjectif), que nous venons
d'examiner offre en effet des inconvénients que
doit éviter leur emploi systématique ; le dan-
ger de la marche ascendante consiste dans la
spécialité dispersive inséparable de son caractère analytique, et qui conduit aux spéculations oiseuses, à la sécheresse et à l'orgueil
scientifique. C'est pourquoi la prépondérance
du but social et moral doit être sans cesse
maintenue dans ce mode particulier d'investigation. Au contraire, dans la marche descen-
dante ou subjective, la *morale*, d'après sa situation encyclopédique, ne se trouvant guidée
et limitée par aucune autre science préalable,
serait exposée à des divagations arbitraires et
au mysticisme, si elle n'était réglée et con-
tenue par sa relation immédiate avec la conception coordinatrice, par son rapport direct
avec l'Humanité, dont elle doit assurer le service continu.

Telle est sous l'aspect moral le principal
attribut de la série fondamentale des sciences
abstraites, qui doit toujours être dominé par
le point de vue social.

Sous le rapport scientifique proprement

dit, celui de la doctrine, la série encyclopédique représente l'ensemble de l'ordre universel. Chaque degré s'y superpose au précédent d'après cette loi objective que *les plus
nobles phénomènes sont partout subordonnés aux plus grossiers sans jamais en
résulter cependant.*

Bien qu'impuissante à constituer l'unité
extérieure, si vainement poursuivie depuis
Thalès jusqu'à Descartes et par le Matérialisme moderne, cette loi établit néanmoins
entre nos conceptions abstraites un lien objectif inséparable de leur coordination subjective, d'après la corrélation spontanée qui
existe entre la complication des existences et
celle des êtres. C'est là ce qui conserve in-
tact le caractère purement logique de la synthèse positive, tout en maintenant la suffisante harmonie de la raison concrète et de la
raison abstraite, des lois physiques et des
lois logiques, qui doit caractériser l'état normal
de la raison humaine.

Ajoutons, pour terminer ce qui a rapport
aux propriétés générales de la hiérarchie des
sciences abstraites, que, au point de vue pratique, elle montre l'ordre réel comme étant
de plus en plus modifiable à mesure qu'il
présente des phénomènes plus compliqués.
D'où il résulte que l'*art humain*, l'art moral
(la morale pratique) qui a pour objet les phénomènes les plus complexes, est aussi celui qui
peut le plus modifier. En même temps, l'échelle
théorique fournit le principe de la subordi-

nation encyclopédique des *arts*, qui coïncide essentiellement avec celle des sciences. C'est ainsi que les arts industriels, les procédés techniques proprement dits qui dépendent de la connaissance des sciences préliminaires constituant la cosmologie, sont moins compliqués et moins élevés que les arts reposant sur la biologie, et surtout que ceux, comme la jurisprudence, la politique, l'hygiène et la médecine, qui se rapportent respectivement à la sociologie et à la morale.

II. — Exposition de la série encyclopédique d'après la marche objective.

Après ce long préambule, qui n'est cependant qu'un résumé trop sommaire encore des principes logiques qui concourent à la formation de la hiérarchie fondamentale des sciences abstraites, il nous faut enfin exposer les éléments essentiels de cette vaste systématisation.

Ici nous suivrons la marche objective ou historique, dans laquelle l'esprit s'élève, par une ascension continue, des objets les plus simples aux plus compliqués.

COSMOLOGIE (ÉTUDE DE LA TERRE)

1° Mathématique.

La *Mathématique* [1], parce qu'elle étudie l'existence la plus simple, constitue le premier

1. Ce qu'on appelle généralement les *mathéma-*

degré de la science universelle. Elle repose
en effet sur la notion la plus abstraite qu'il
nous soit possible de retirer de l'observation
des êtres et des phénomènes, celle de *nombre*,
qui, de toutes les idées positives, est certainement la plus générale et la plus simple.

« En voyant deux choses qui nous paraissent semblables, en portant d'abord notre
attention sur chacune d'elles en particulier,
puis sur les deux réunies, nous avons l'idée
d'une chose et de deux choses, d'*un* et de
deux.

« Si, après en avoir vu *une* et *deux*, nous
en voyons *trois*, *quatre*, nous avons d'abord

---

tiques (il ne s'agit ici, bien entendu, que des mathématiques pures).

Pour cette science vraiment fondamentale : voir
Auguste Comte, *Cours de philosophie positive*, t. I.
— *Traité élémentaire de géométrie analytique à deux
et à trois dimensions*. — *Système de politique posi-
tive*, t. I, introduction; et surtout la *Synthèse subjective*, t. I, Philosophie mathématique. — *La philosophie positive d'Auguste Comte condensée par*
M. H. Martineau. — *La philosophie positive par
Auguste Comte*. Résumé par Jules Rig. 2 vol. in-8.
Paris, 1881. — *Principes de mécanique générale*, par
J. Louchampt, ancien élève de l'Ecole polytechnique.
— *La Revue occidentale*, opuscules mathématiques
d'Auguste Comte. — M. Pierre Lafitte, Cours d'arithmétique, de géométrie et d'algèbre élémentaires et
supérieures, d'après la *Synthèse subjective*, leçons
orales et notes manuscrites. Le programme de la
géométrie générale, différentielle ou analytique, en
seize leçons, a seul été publié.

l'idée de *un*, puis celle de *deux*, de *trois*, de *quatre*, qui ne sont pas *un* et qui diffèrent entre eux; nous avons donc l'idée d'*unité* et celle de ce qui est *un* répété plus ou moins de fois; c'est l'idée de nombre [1]. »

L'étude mathématique ne suppose donc aucune autre science, elle ne dépend d'aucune investigation abstraite plus élémentaire et par conséquent prélimi... re; elle aborde directement le domaine réel. La partie qui comprend l'étude des nombres s'appelle *arithmétique*.

Par la connaissance des lois de l'*étendue* et du *mouvement*, que l'on étudie en *géométrie* et en *mécanique*, et qui constituent avec celle des nombres le champ naturel de ses recherches, la mathématique établit la notion positive de l'existence universelle dans son degré le plus élémentaire, celui que to s les êtres possèdent nécessairement, que quelques-uns offrent seul, et en dehors duquel rien ne peut se manifester à nous. Tout ce qui ne comporte pas la triple appréciation du nombre, de l'étendue (ou de la forme) et du mouvement *n'existe que dans l'entendement humain*.

Au point de vue logique, la science mathématique cultive surtout le raisonnement et, au plus haut degré, la déduction; l'observation y est très restreinte, et l'induction n'y

1. Condorcet, *Moyen d'apprendre à compter sûrement et avec facilité* (ouvrage posthume). Paris, an VII de la République.

est pas beaucoup plus développée ; cependant
nous devons rappeler que c'est même dans la
science du calcul que naît ce dogme fondamental de la philosophie positive : *l'invaria-
bilité des relations réelles, subjectives et objectives.*

La loi du classement objectif des phénomènes d'après leur généralité décroissante et
leur complication croissante institue donc
la science mathématique comme terme fondamental de la hiérarchie scientifique, en même
temps qu'elle détermine sa coordination intérieure d'après l'étude distincte et successive
du calcul (arithmétique, trigonométrie, algèbre, calcul différentiel et calcul intégral),
de la géométrie (élémentaire, descriptive, analytique ou générale), et de la mécanique
(statique et dynamique), dont le terme le
plus élevé confine naturellement au domaine
supérieur, celui de la physique.

L'existence physique, celle qui est caractérisée par les phénomènes de pesanteur, chaleur, lumière, sonorité, électricité, et par ceux
de magnétisme, étant moins élémentaire ou
moins universelle que la précédente, mais
plus simple et plus générale que l'existence
biologique et surtout que l'existence sociale,
doit avoir son étude placée nécessairement
à un degré intermédiaire entre la mathématique et les autres termes de la série encyclopédique. C'est pourquoi les sciences qui
ont sa connaissance pour objet précèdent
l'étude systématique de l'ordre vital. Elles

ont pour but l'investigation positive de la planète qui sert de siège à l'existence sociale, la Terre.

Ces sciences se partagent ce domaine spéculatif d'après le degré de complication croissante : par exemple, l'astronomie n'étudie la Terre que sous son aspect le plus général et le plus simple, c'est-à-dire sous l'aspect géométrique et dans ses relations mécaniques avec le milieu céleste, tandis que la physique proprement dite et la chimie la considérant en elle-même, y recherchent des propriétés de plus en plus spéciales. Ainsi se trouve constitué, par la superposition graduée de l'astronomie à la mathématique, de la physique à l'astronomie et de la chimie à la physique, l'édifice complet de la cosmologie, qui fournit la connaissance exacte du théâtre où nous devrons étudier ensuite les existences supérieures, vitale, sociale et morale.

Dans cette constitution, la généralité décroissante et la complication croissante ne sauraient échapper à personne, puisque chaque science y possède un ou plusieurs éléments de plus que celle qui la précède, tout en s'assimilant son objet, et que les catégories de phénomènes irréductibles ainsi introduites sont de moins en moins générales, ou observables chez un moins grand nombre d'êtres.

La mathématique n'a que le nombre, l'étendue et le mouvement propres à tous les corps; l'astronomie ne les étudie que dans les astres, et la physique, qui considère en plus les événements qui lui sont propres, ne les recherche que dans les corps terrestres seulement.

2° Astronomie.

L'astronomie [1], qui consiste essentiellement dans la théorie du double mouvement de la Terre et de la gravitation planétaire, vient donc immédiatement après la mathématique. Elle s'unit à cette science, comme nous l'avons déjà dit, par la mécanique, et reçoit d'elle son véritable essor, puisque, sans l'assistance continue du calcul, de la géométrie et de la dynamique, elle ne pourrait faire aucun pas. A ce point de vue, elle n'est en quelque sorte que l'application de la science préliminaire (la mathématique) à l'étude d'êtres (les astres) qui ne comportent scientifiquement que la triple appréciation du nombre, de l'étendue et du mouvement.

Cependant, au point de vue logique, outre qu'elle aborde plus directement l'étude de l'ordre matériel, l'astronomie donne déjà plus de développement et d'importance à la méditation inductive (induction), qui était à peine

1. Voy. Auguste Comte, *Cours de philosophie positive*, t. II. — *Système de politique positive*, t. I, ch. II. — *Traité philosophique d'astronomie populaire*. — *Catéchisme positiviste*. — *La philosophie positive condensée*, par M. H. Martineau, t. I; et la même résumée par M. Jules Rig, t. I.

sensible en mathématique, où la déduction est
presque exclusivement employée.

3° Physique.

Quant à la *Physique* proprement dite [1], qui
se lie à l'astronomie par l'étude de la pesanteur ou gravitation terrestre, laquelle n'est
qu'une application spéciale de la gravitation
planétaire, elle a pour objet des phénomènes
évidemment plus compliqués et moins généraux, puisqu'en astronomie on n'étudie que
la gravitation considérée dans les cas célestes,
en négligeant tout ce qui est du domaine de
la physique, savoir : les effets de la pesanteur
à la surface de la Terre, la chaleur, la lumière,
le son, l'électricité et le magnétisme. Au contraire, son domaine est moins spécial que
celui de la chimie, qui, au lieu de considérer
les propriétés extérieures de la matière, procède à son analyse intime, à la recherche de
sa composition moléculaire, et consiste essentiellement dans la découverte des relations
constantes qu'affectent entre eux les phénomènes de combinaison et de décomposition.

Au point de vue logique, l'accroissement
n'est pas moins évident : la mathématique,
comme nous l'avons dit tant de fois, a surtout
développé le raisonnement déductif, qui a permis, à son tour, l'essor de l'astronomie d'après

1. Voy. Auguste Comte, *Phil. posit.*, t. II. — *Polit.
posit.*, t. I, ch. II. — *Catéchisme posit.* — M. H. Martineau, et J. Rig, t. I.

des acqu¹sitions inductives encore très faibles ; mais, en physique, l'induction reçoit un plein développement, et cette science, tout en se servant de l'instrument déductif, fonde, en outre, l'expérimentation, c'est-à-dire une méthode d'investigation toute nouvelle et des plus considérables.

4° Chimie.

La Chimie [1], il est vrai, n'ajoute à l'appareil logique qu'un procédé assez secondaire, la nomenclature ; mais son importance scientifique est très considérable, puisqu'elle permet de concevoir l'économie fondamentale de la nature en constatant chez tous les êtres réels, vivants ou inertes, organiques ou inorganiques, l'identité finale de composition matérielle.

Nous ne voulons pas donner à entendre par là que la matière soit *une*, mais que tous les composés organiques peuvent se résoudre, en dernière analyse, dans les corps simples qui se retrouvent universellement dans les composés inorganiques : l'hydrogène, l'oxygène, le carbone, l'azote, le phosphore, le soufre, le

---

1. Voy. Auguste Comte, *Phil. posit.*, t. III. — *Polit. posit.*, t. I. — *Catéchisme posit.* — M. H. Martineau et Rig, t. I. — *La théorie atomique et le rôle de l'imagination dans la science*, par M. Méhay, br. in-8. 1877. — *Relations numériques entre le volume des corps composés et l'atomicité de leurs éléments*, br. in-8, par le même.

fer, etc.; ce qui établit assez qu'ils sont formés des mêmes éléments.

Enfin nous devons rappeler aussi l'importance philosophique du quatrième terme de la série des sciences abstraites, qu'Auguste Comte a résumée en ces termes :

« Quelqu'imparfait que soit jusqu'ici le système des connaissances chimiques, son développement n'en a pas moins déjà puissamment contribué à l'émancipation générale et définitive de la raison humaine. Le caractère fondamental d'opposition à toute philosophie théologique quelconque, qui est nécessairement plus ou moins inhérent à toute science réelle, même dès sa première enfance, se manifeste, pour les intelligences populaires, par ces deux propriétés générales co-relatives de toute philosophie positive : 1° prévision des phénomènes ; 2° modification volontaire exercée sur eux. Ces deux facultés ne sauraient se développer sans qu'elles tendent inévitablement, chacune d'une manière distincte, mais pareillement décisive, à détruire radicalement dans l'esprit du vulgaire toute idée de direction de l'ensemble des événements naturels par aucune volonté surhumaine [1]. »

SOCIOLOGIE (ÉTUDE DE L'HOMME)

5° Biologie.

De l'étude de la composition matérielle résulte le lien subjectif qui unit, par la chimie,

1. *Cours de philosophie positive*, t. III, pages 64-65.

la cosmologie à la biologie, ou l'étude de la matérialité à celle de la vitalité, la nature morte au monde vivant. La base essentielle de l'étude des êtres organisés, c'est-à-dire l'ensemble des lois relatives à la vie végétative, repose, en effet, sur la connaissance des phénomènes chimiques que présentent ces êtres, et la subordination des fonctions de l'animalité proprement dite envers celles de la végétalité fondamentale (la seule vie propre aux végétaux) achève d'établir la coordination des considérations particulières à la science biologique d'après leur complication croissante et leur généralité décroissante.

En outre, la biologie, qui, scientifiquement, constitue l'intermédiaire indispensable pour lier la cosmologie à la sociologie, l'ordre extérieur à l'ordre humain, enrichit la logique positive d'un procédé des plus importants, la *comparaison*. Par exemple, en comparant le même être à ses différents âges, ou le même appareil organique et la même fonction, tels que l'appareil digestif et la fonction de respiration, dans toute la série animale, la biologie institue un moyen d'étude — l'anatomie et la physiologie comparées — des plus puissants pour arriver à la connaissance de l'organisation et de la vie, et qui, généralisé et appliqué à d'autres objets, peut être très utilisé, en sociologie notamment. De plus, la biologie accomplit une élaboration véritablement décisive par l'institution de la biotaxie, c'est-à-dire de la série qui permet de relier entre eux, subjec-

tivement, tous les êtres doués de vie, c'est-à-
dire du double mouvement intérieur de décomposition et de recomposition, ainsi que des
phénomènes zoologiques qui s'y superposent
généralement, depuis les types les plus infi-
mes jusqu'à l'homme, qui est le terme suprême
de l'échelle biologique.

Cette immense hiérarchie ne peut, du reste,
être que subjective, comme nous l'avons déjà
fait observer, et ne comporte jamais une pleine
réalité extérieure, puisque, sans parler d'autres
obstacles, tels que les types vivants inassimi-
lables à cause de la singularité de leur organisation, la fixité des espèces démontre à elle
seule l'impossibilité de former avec tous les
êtres vivants une série objective ininterrompue.

Or, comme leur connaissance précise exige
un classement suffisant, la méthode lève seule
cette difficulté en établissant la nécessité logique et le caractère parfaitement subjectif,
ou relatif à l'homme, d'une telle construction ; ce qui permet, par conséquent, de la
perfectionner *par soustraction des types re-
belles et par addition hypothétique des termes
qui manquent.*

C'est ainsi que la biologie, philosophiquement cultivée, établit une transition graduelle
entre le monde extérieur et l'existence sociale
manifestée par l'Humanité [1].

1. Voy. Auguste Comte, *Phil. positive*, t. III; *Polit.
positive*, t. I; *Catéchisme*, 7e entretien ; — M. H. Martineau et J. Rig, t. I ; — Dr L.-A. Segond, bibliothé-
caire et professeur agrégé de la Faculté de médecine,

L'importance d'une telle science et ses rapports intimes avec la connaissance de la nature humaine nous obligent à insister sur sa constitution et à rappeler les bases essentielles sur lesquelles elle repose.

C'est l'anatomie, ou l'étude de la structure chez tout ce qui a vie, qui représente l'aspect statique de la biologie, des corps organisés en état de repos, mais prêts à agir.

Son principal office, après avoir établi le principe de la nécessité d'un degré quelconque d'organisation comme condition indispensable des manifestations vitales même les plus rudimentaires, a été, comme nous l'avons déjà dit, depuis Aristote jusqu'à Blainville, d'instituer cette immense échelle biologique à la fois objective et subjective destinée à relier

membre de la Société de biologie : *Rapport à la Société positiviste sur la nature et le plan d'une école positive*, Paris, 1850 ; *Histoire et systématisation générale de la biologie*, 1851 ; *Traité d'anatomie générale* (Théorie de la structure), Paris, 1854 ; — Dr Audiffrent : *Appel aux médecins*, Paris, 1862 ; *Théorie de la vision, suivie d'une lettre sur l'aphasie*, Paris, 1866 ; *Du cerveau et de l'innervation d'après Auguste Comte*, Paris, 1859 ; — Dr Bridges, *Harvey et les vivisections*, traduit de l'anglais, dans la *Revue occidentale*, Paris, 1878 ; — Dr Dubuisson, *Des quatre sens du toucher et en particulier de la musculation ou sens musculaire* (thèse inaugurale), Paris, 1874.

Il faut ajouter que M. le professeur Charles Robin a effectué ses importants travaux sous l'inspiration de la philosophie positive.

l'homme au végétal par l'ensemble gradué des êtres vivants.

Quant à la physiologie, qui constitue la partie dynamique de la biologie, elle consiste essentiellement dans les faits généraux, subordonnés entre eux, mais entièrement distincts, dont l'ensemble explique soit les fonctions continues de la vie de nutrition, soit les fonctions intermittentes de la vie de relation.

1° *Vie végétative.* — Le fait le plus général qui caractérise la vie, c'est le double mouvement intime et continu d'assimilation et de désassimilation propre à tous les corps organisés et que leur substance éprouve sans cesse, d'après leurs relations avec le milieu où ils sont placés. Aussi cette loi de nutrition constitue-t-elle la base de toutes les études physiologiques, sans excepter le cas de l'homme.

Après elle vient la loi du développement et du déclin aboutissant à la mort qui en est le résultat constant, et la loi de la reproduction, d'après laquelle la conservation de l'espèce compense la perte de l'individu. « La principale propriété de l'ensemble des êtres vivants, dit à cet égard Auguste Comte, consiste dans l'aptitude de chacun d'eux à reproduire son semblable, comme lui-même provient toujours d'une source analogue. Non seulement aucune existence organique n'émane jamais de la nature inorganique, mais en outre une espèce quelconque ne saurait résulter d'une autre, ni supérieure ni inférieure, sauf les variations très limitées, quoique trop peu connues encore, que comporte chacune d'elles. Il existe donc un abîme vraiment infranchissable entre le monde vivant et la nature inerte, et même, à de moindres degrés, entre les divers modes de vitalité [1]. »

2° *Vie animale.* — Quant aux trois lois qui dominent l'ensemble de la vie animale, la première consiste dans le *besoin alternatif d'exercice et de repos* propre à toute la vie de relation, sensation et mouvement, sans excepter nos plus nobles attributs : affections, intelligence, activité (Bichat). La seconde loi, qui, comme dans tous les autres cas, suppose la précédente, mais sans en résulter, consiste dans la tendance que possède toute fonction intermittente à devenir habituelle, c'est-à-dire à se reproduire spontanément après la cessation de l'impulsion primitive (loi de l'habitude). Cette loi trouve son complément naturel dans la faculté d'*imitation*, l'aptitude à imiter autrui, du moins chez toutes les espèces animales douées de sympathie, résultant de l'aptitude à s'imiter soi-même, ou à renouveler des actes spontanés déjà produits (Cabanis). Enfin, la troisième loi de l'animalité, subordonnée à celle de l'habitude, consiste dans le *perfectionnement* à la fois anatomique et physiologique inhérent à tous les phénomènes de relation : sensitifs, moteurs, affectifs, intellectuels, pratiques ou concernant l'activité et le caractère. Envers chacun

1. *Catéchisme positiviste*, 2ᵉ édit., 7ᵉ entretien.

d'eux, l'exercice tend à fortifier les fonctions
et les organes, que la désuétude prolongée arrive à affaiblir.

La combinaison des lois d'habitude et de
perfectionnement détermine une septième loi
vitale, qui mérite scientifiquement une appréciation distincte, quoiqu'elle ne soit logique-
ment qu'une conséquence nécessaire des précédentes : c'est la *loi de l'hérédité.* Toute
fonction ou structure animale étant perfec-
tible à certains degrés, l'aptitude de tout être
vivant à reproduire son semblable pourra dès
lors fixer *dans l'espèce* les modifications suffisamment profondes survenues chez l'individu.
De là résulte le perfectionnement limité continu,
surtout physiologique, mais même anatomique, de chaque race quelconque par des régéné-
rations ou croisements successifs, d'autant plus
marqué que l'espèce est plus élevée et dès lors
plus modifiable, aussi bien que plus active [1].

3° *Vie sociale.* — Mais la vie animale resterait incompréhensible, malgré cette exposition des lois générales de l'existence végétative et animale, si nous ne rappelions ici
le lien indispensable des impressions et des
réactions qui la constituent, par l'intermédiaire de l'axe cérébro-spinal, ou de la moelle
épinière et surtout du cerveau.

1. A. Comte, *Catéchisme positiviste.* On pourra me-
surer la différence du point de vue abstrait et du
point de vue concret, en comparant cette théorie
positive avec celle qui lui correspond dans le système de M. Darwin.

Toute impression, chez un animal quelconque, aboutit à un point central qui la perçoit, la juge et détermine une réaction corrélative, c'est-à-dire un mouvement ; sensibilité et motilité sont reliées entre elles par un appareil prodigieusement varié, rudimentaire ou d'une extrême complication, dont les organes peuvent être réunis ou séparés, qui est la raison dernière des impressions et des réactions extérieures, d'après une impulsion intérieure.

L'illustre Gall, quoi qu'on ait tenté pour le ridiculiser et l'amoindrir, reste le puissant et glorieux fondateur de la théorie scientifique du cerveau, qu'Auguste Comte a complétée et admirablement systématisée.

D'après lui, l'encéphale est le siège des fonctions éminentes intermédiaires entre la sensibilité et la motilité, qui ont conscience de l'impression et déterminent la réaction. Dans les manières d'être propres à la moelle épinière, ce phénomène a reçu la dénomination particulière d'*action réflexe*.

Nous ne pouvons entrer ici dans aucun détail, nous sous-entendons par conséquent la moelle allongée, la moelle épinière, le système des nerfs intérieurs et extérieurs, et le grand sympathique[1] ; nous ne voulons parler que du cerveau proprement dit.

Comme l'avait admirablement constaté le génie si précis et si fécond de Gall, malgré

---

1. Voyez à cet égard : D' Audiffrent, *Du cerveau et de l'innervation d'après Auguste Comte.*

CLASSIFICATION POSITIVE

DES DIX-HUIT FONCTIONS INTÉRIEURES DU CERVEAU

Aimer, penser, agir.
Agir par affection et penser pour agir.

Principe.

					N°		
10 moteurs affectifs, penchants dans l'état actif, et sentiments dans l'état passif.	7 personnels.	INTÉRÊT…	Instinct de la conservation :	de l'individu, *instinct nutritif*........	(1)	Égoïsme.	Décroissement d'énergie et accroissement de dignité d'arrière en avant, de bas en haut et des bords au milieu. — IMPULSION (LE CŒUR).
				de l'espèce, instinct sexuel........	(2)		
				de l'espèce, instinct maternel........	(3)		
			Instinct du perfectionnement :	par destruction, *instinct militaire*.....	(4)		
				par construction, *instinct industriel*...	(5)		
		AMBITION..	Temporelle, ou orgueil, besoin de domination................		(6)		
			Spirituelle, ou vanité, besoin d'approbation................		(7)		
	3 sociaux.	Spéciaux.	ATTACHEMENT................		(8)	Altruisme.	
			VÉNÉRATION................		(9)		
		Général.	BONTÉ, amour universel (sympathie), *humanité*................		(10)		

Moyen.

				N°	
5 fonctions intellectuelles.	CONCEPTION.....	Passive, ou contemplation, d'où matériaux objectifs.	Concrète, ou relative aux êtres, essentiellement *synthétique*................	(11)	CONSEIL (L'ESPRIT). Savoir pour prévoir afin de pouvoir.
			Abstraite, relative aux événements, essentiellement *analytique*................	(12)	
		Active, ou méditation, d'où constructions subjectives.	Inductive, ou par comparaison, d'où *généralisation*................	(13)	
			Déductive, ou par coordination, d'où *systématisation*................	(14)	
	EXPRESSION : mimique, orale, écrite, d'où *communication*................			(15)	

Résultat.

			N°	
3 qualités pratiques.	ACTIVITÉ.......	Courage................	(16)	EXÉCUTION (LE CARACTÈRE).
		Prudence................	(17)	
	FERMETÉ, d'où *persévérance*................		(18)	

Résumé de la théorie cérébrale.

L'ensemble de ces dix-huit organes constitue l'appareil central qui, d'une part, stimule la vie de nutrition, et, d'autre part, coordonne la vie de relation en liant ses deux sortes de fonctions extérieures. Sa région spéculative communique directement avec les nerfs sensitifs, et sa région active avec les nerfs moteurs. Mais sa région affective n'a de connexités nerveuses qu'avec les viscères végétatifs, sans aucune correspondance immédiate avec le monde extérieur, qui ne s'y lie qu'à l'aide des deux autres régions. Ce centre essentiel de toute l'existence humaine fonctionne continuellement, d'après le repos alternatif des deux moitiés symétriques de chacun de ses organes. Envers le reste du cerveau, l'intermittence périodique est aussi complète que celle des sens et des muscles ; ainsi, l'harmonie vitale dépend de la principale région cérébrale, sous l'impulsion de laquelle les deux autres dirigent les relations actives et passives du cerveau avec le milieu.

AUGUSTE COMTE.

des erreurs inévitables, puisque la science sociale, qui seule permet le dénombrement et la classification des plus hautes facultés humaines, n'était point encore fondée, *le cerveau est le siège anatomique de nos facultés intellectuelles et morales* (cœur, esprit, caractère, ce que l'on appelle l'âme), et, de plus, *c'est un appareil d'organes dont chacun exerce une de ces fonctions*. Il est donc l'intermédiaire essentiel entre le système nerveux centripète (conducteur sensible), qui lui apporte toutes les impressions extérieures et intérieures, et le système nerveux centrifuge (excito-moteur), qui transmet ses déterminations aux organes d'exécution, muscles, etc.

C'est ici que commence l'œuvre de Comte : acceptant cette inébranlable base de toute explication scientifique de la nature mentale et morale de l'homme, il a refait *subjectivement*, c'est-à-dire au point de vue du *sujet* ou de l'homme, d'après l'observation de nos facultés d'esprit, de cœur et de caractère, puisée à la source sociologique, dans l'histoire, où se retrouvent toutes les manifestations humaines, et non point d'après la méthode objective ou d'après l'étude directe de l'appareil cérébral (dissections), ni par le moyen des vivisections et de l'expérimentation physiologique, qui ne peuvent beaucoup apprendre, dans l'espèce, pas même souvent fournir des confirmations, il a refait, disons-nous, la classification de Gall [1].

1. Les principaux précurseurs de Comte, dans cette systématisation, sont : Hume, Georges Leroy, Ch. Bon-

Par un travail préliminaire, il établit la nature de toute qualité morale, qui consiste exclusivement en une *émotion*, en un désir, nous poussant à vouloir telle ou telle chose, mais sans rien connaître du dehors et sans rien pouvoir sur lui. C'est pourquoi le nom d'*instinct* convient à chacune de ces qualités, comme caractérisant leur aveugle spontanéité. Ainsi, l'instinct nutritif nous pousse à manger, à rechercher des aliments ; l'instinct sexuel nous entraîne à l'acte de la génération, comme celui de l'attachement à aimer ; aucun ne sait rien sur les moyens de se satisfaire et ne peut rien pour y parvenir, ces deux dernières opérations concernant respectivement l'intelligence qui renseigne et l'activité qui exécute.

En second lieu, Auguste Comte établit encore, conformément aux indications de la sagesse vulgaire, et d'après la double signification des mots *cœur* et *caractère*, la distinction de nos qualités morales en *affectives* proprement dites et en *actives* ou *pratiques*.

Mais l'action du fondateur du Positivisme consista surtout ici dans la détermination définitive des fonctions cérébrales et dans leur classification d'après le principe de la généralité et de l'énergie décroissantes, ainsi que de la complication et de la dignité croissantes.

De la sorte, l'instinct le plus universel et le plus énergique, mais aussi le moins élevé,

net, Cabanis, Gall, Broussais, Georget, etc. (voyez la *Politique positive*, t I, ch. III).

celui qui constitue la base de toute personnalité, l'*instinct nutritif* ou conservateur, occupe le degré fondamental de la hiérarchie des facultés morales. Viennent ensuite ceux relatifs à la ...servation de l'espèce, déjà moins universe...s, moins dominateurs et moins personn... que le précédent : l'*instinct sexuel* et l'i...inct *maternel* ou éducateur, celui qui pousse à élever les petits.

Après eux, les moteurs affectifs qui nous portent à améliorer notre situation, d'abord en supprimant les obstacles, puis en construisant des moyens préventifs. Ces impulsions caractéristiques sont l'*instinct destructeur*, ou militaire, et l'*instinct constructeur*, ou industriel. L'ensemble de ces cinq facultés fondamentales a été désigné par Auguste Comte sous la dénomination commune d'*intérêt*.

Après vient l'ambition, moins égoïste, déjà plus digne, et se rapportant aussi bien à la société qu'à l'individu. Elle comprend deux cas distincts, ou deux facultés élémentaires : l'*instinct de l'orgueil*, besoin de domination temporelle ou politique; l'*instinct de la vanité*, besoin d'approbation théorique.

Ces sept instincts, penchants dans l'état actif, sentiments à l'état passif, constituent la personnalité, l'*égoïsme*.

Mais il y a dans la nature humaine et même chez les animaux des qualités morales moins répandues, beaucoup moins énergiques et bien plus élevées, des instincts sociaux ou altruistes, qui nous sollicitent à sortir de nous-

mêmes, nous portent vers autrui, et nous pous-
sent à la sociabilité. Ils sont au nombre de
trois : l'*instinct de l'attachement*, ou affection
entre égaux (le mari et la femme, les frères,
sœurs, amis) ; l'*instinct de la vénération*, le
respect ou affection des inférieurs pour les
supérieurs, des enfants pour les parents, etc. ;
et l'*instinct de la bonté*, affection des supérieurs pour les inférieurs, des parents pour
les enfants, des maîtres pour les élèves, des
forts pour les faibles, etc. ; c'est l'amour universel, l'*humanité*. Leur ensemble est désigné par Comte sous la dénomination générale
et caractéristique d'*altruisme*. C'est l'action
de ces trois moteurs affectifs qui, développée
par l'éducation, corrige la personnalité naturellement prépondérante de notre nature,
adoucit sa brutalité fondamentale et finit
même par transformer l'égoïsme primitif de
notre conduite [1].

Quant à l'intelligence, elle présente, d'après
Auguste Comte, chez l'homme et les animaux,
malgré son bien plus faible degré chez ceux-
ci, cinq fonctions irréductibles, dont quatre
pour la conception et une seule pour l'expression, savoir : la *contemplation concrète*,
ou observation des êtres, nécessairement synthétique, puisqu'elle considère chaque indi-

[1]. Georges Leroy déjà, dans ses *Lettres sur les animaux*, Fabre d'Églantine après lui (voy. la préface
du *Philinte*), et tous les grands révolutionnaires
avaient pressenti l'importance sociale de cette qualité maîtresse.

vidu dans son entier, par exemple, une pierre, un chêne, un loup; la *contemplation abstraite*, relative aux événements, aux phénomènes offerts par les êtres, nécessairement analytique, puisqu'elle considère les propriétés abstraction faite des corps : le mouvement, la température, la couleur, la vie, etc. Ces deux facultés représentent la partie passive de l'entendement; elles accumulent des matériaux, connaissances concrètes ou abstraites, qu'elles reçoivent du monde extérieur par l'intermédiaire des sens.

Quant à la partie active de l'entendement, qui élève des constructions subjectives (propres au sujet contemplateur et venant de lui) avec les matériaux objectifs recueillis par l'observation concrète et abstraite, elle se compose aussi de deux facultés élémentaires ou fonctions irréductibles : la *méditation inductive*, qui agit par comparaison des images ou des notions acquises par la contemplation, et qui généralise d'après l'ensemble de ces renseignements; la *méditation déductive*, qui, en s'exerçant sur les produits de l'observation et sur les résultats de l'induction elle-même, saisit des rapports plus difficiles et plus éloignés et parvient à coordonner, à systématiser, soit en montrant qu'un phénomène est contenu dans un autre déjà connu, soit en établissant l'incompatibilité des divers phénomènes entre eux.

Quant à la faculté d'*xpression*, elle a pour fonction de créer des signes au moyen des-

quels nos sentiments et nos idées se manifestent à autrui. C'est d'elle par conséquent
que proviennent la mimique et le langage
parlé ou écrit, qui assurent la *communication*.

Enfin l'action cérébrale est complétée par
trois facultés d'exécution, le *courage* qui en-
treprend, la *prudence* qui retient, la *fermeté*
qui soutient. Les deux premières sont les
éléments essentiels de notre activité, et la
dernière, d'où vient la persévérance, est la
principale condition de tout résultat effectif.

Le tableau des pages 104 et 105 résume admirablement cette grande théorie de la nature
intellectuelle et morale de l'homme et des
animaux, au moins des plus élevés, qui, sauf
des différences de degrés, possèdent toutes
nos qualités cérébrales élémentaires.

Pour ce qui regarde la localisation de chacune de ces facultés affectives, intellectuelles,
pratiques, dans telle ou telle partie de l'appareil
encéphalique, nous ne pouvons que rappeler
ici les principes logiques qui y président, sans
entrer dans le détail.

D'abord, il faut remarquer que, pour la
philosophie positive, cette opération ne constitue qu'un cas particulier du principal problème de la biologie : *déterminer l'organe
d'après la fonction*, et réciproquement. C'est
Gall et Cabanis qui ont les premiers ramené
la psychologie à la physiologie, et insisté sur
la nécessité de faire rentrer dans le domaine
scientifique une étude jusque-là abandonnée

aux métaphysiciens. Puis est venu Auguste Comte, qui a repris le problème avec le secours de la méthode positive, dénombré systématiquement les hautes fonctions de l'encéphale, celles de la moelle allongée et de ses dépendances (théorie des ganglions sensitifs) [1], et fourni des indications corrélatives sur leur localisation.

Suivant lui, la considération des appareils des sens, vision, audition, olfaction, gustation, principalement, avec lesquels l'intelligence seule est en relation directe, doit faire attribuer la partie antérieure du cerveau aux organes des facultés mentales [2]. Au contraire, la partie postérieure, y compris le cervelet, appartiendrait aux instincts, qui ont ainsi des rapports plus immédiats avec les viscères, par l'intermédiaire des nerfs intérieurs, notamment par le pneumo-gastrique et par les nerfs dits nutritifs.

Quant aux organes spéciaux dont se compose chacune des deux masses cérébrales (hé-

1. Voy. *Polit. posit.*, introduction, ch. III; et Dʳ Audiffrent, *Le cerveau et l'innervation. — Lettre sur l'aphasie.*

2. La circonvolution de Broca, ou troisième circonvolution (antérieure), reconnue par l'analyse anatomo-pathologique comme étant le siège de l'organe des signes, du langage ou de l'*expression*, apporte une confirmation précieuse à cette délicate théorie subjective, ou physiologique, que les autres observations du même genre ne contredisent aucunement jusqu'ici.

misphères), ils doivent être répartis, toujours
suivant Auguste Comte, dans les circonvolu-
tions du cerveau et du cervelet, d'après le
décroissement d'énergie et l'accroissement de
dignité, en allant d'arrière en avant, de bas
en haut et des bords au milieu. Ainsi, tandis
que les organes de l'instinct nutritif et de
l'instinct sexuel occuperaient le cervelet,
ceux de la vénératio   de la bonté seraient
à la partie antérieur   érieure et médiane
de la région affective   cerveau, confinant,
dans l'un et l'autre hé.   hère, à la commis-
sure supérieure des os pariétaux, ayant entre
eux et les organes fondamentaux de la personnalité, d'après l'ordre que nous venons d'indiquer, ceux du perfectionnement par destruc-
tivité et constructivité, et ceux de l'ambition
(orgueil et vanité).

De leur côté, les sièges respectifs des organes de l'intelligence seraient symétrique-
ment placés, pour chaque hémisphère, dans la
partie antérieure et supérieure du cerveau
(lobe antérieur) ; les organes de l'expression
en bas, en dehors et en avant; au-dessus d'eux,
ceux de la contemplation concrète et abstraite;
enfin et successivement d'avant en arrière, et
de bas en haut, ceux de la méditation inductive et déductive, ces derniers rapprochés
de l'organe supérieur de la sociabilité, la
bonté.

Quant aux sièges des trois facultés pratiques, courage, prudence, fermeté, c'est-à-
dire des fonctions auxquelles on peut rap-

porter les mouvements excités, retenus et
soutenus, ils occuperaient, toujours d'après
le même principe (et cette localisation subjective est des plus remarquables par sa concordance avec les localisations de source objective ou anatomo-pathologique), les parties
latérales du cerveau répondant aux pariétaux,
en avant et en arrière de la scissure de Syl-
vius.

L'école médicale objective ou anatomo-pathologique aurait donc mal institué la recherche des centres moteurs en poursuivant la
découverte d'un organe incitateur spécial pour
chaque mouvement exécuté par le système
musculaire, ce qui entraînerait à attribuer
toute l'écorce grise du cerveau à la seule fonction d'excitation motrice ; selon Comte, il fau-
drait attribuer cette action, d'un caractère plus
général, aux organes symétriques du *courage*
ou des *mouvements excités*, qui se trouve-
raient dans la partie du cerveau répondant aux
os pariétaux. Il est à remarquer que c'est là,
principalement, que les anatomo-pathologistes
ont cherché et cru trouver la plupart de leurs
localisations psycho-motrices.

Du reste, la méthode subjective, ou physiologique, pourrait encore fournir d'autres indications ne manquant pas d'importance sur
l'anatomie de l'encéphale, telles que des ap-
préciations générales sur les volumes relatifs
des organes cérébraux d'après l'énergie des
fonctions correspondantes, etc. ; mais elle ne
saurait déterminer ni la forme, ni la gran-

deur de chaque organe, ni à plus forte raison
sa structure intime. Cette dernière analyse
appartient nécessairement à la méthode objective, à l'anatomie et surtout à l'anatomie
comparée.

Les organes des fonctions cérébrales proprement dites, intellectuelles, morales et pratiques (celles de l'activité), occupent la super-
ficie de l'encéphale, la couche de substance
grise du cerveau et du cervelet, et ils communiquent entre eux par des liens nerveux
particuliers, sur la disposition desquels la
physiologie peut encore jeter beaucoup de
lumière. La conduite de l'homme et des animaux, dans laquelle les fonctions élémentaires du sentiment, de l'intelligence et de
l'activité sont sans cesse combinées, resterait
inexplicable, en effet, si l'on n'admettait
point que les organes respectifs de ces facultés communiquent entre eux d'une manière intime. Or on peut affirmer que l'examen anatomique autorise pleinement cette
manière de voir, puisqu'il montre le cerveau
composé de deux substances, l'une grise.
formée d'éléments anatomiques spéciaux, de
cellules *sui generis*, où paraissent résider les
plus hautes propriétés du système nerveux, et
qui forme la trame essentielle des organes de
l'affectivité, de la mentalité et de l'activité;
l'autre blanche, composée de tubes conduc-
teurs (nerfs sans névrilème), qui représente
la partie accessoire de ces organes, celle
qui les met en rapport entre eux ou avec ces

ganglions sensitifs (couches optiques, corps striés, etc.) dont nous avons déjà parlé, dans lesquels viennent se concentrer les impressions exercées sur le muco-derme et dans les parenchymes [1].

Mais il y a plus : la quantité de substance blanche que l'on trouve dans le cerveau étant plus considérable que celle qui provient des prolongements de la moelle épinière, il est permis de considérer cette masse excédante de substance blanche, par exemple le corps calleux, la voûte à trois piliers, etc., comme résultant précisément des liens nerveux ou *nerfs sans névrilème* qui mettent en communication les organes cérébraux et cérébelleux. Quoique cette anatomie si complexe ne soit pas encore faite, on u saurait contester les relations fonctionnelles des différentes parties du cerveau, ni par conséquent leurs liens matériels.

C'est en 1838, dans le troisième volume du *Cours de philosophie positive*, après avoir déjà pris date dans un article sur Broussais, publié en août 1828 dans le *Journal de Paris* (voy. l'appendice du t. IV de *Polit. posit.*),

---

1. En quoi consisterait donc, essentiellement, un *organe cérébral?* En une masse de substance grise composée de cellules recevant diverses sortes de nerfs, des tubes de communication intra-crânienne, des tubes afférents apportant des impressions, ou des tubes efférents communiquant des réactions; le tout alimenté par un appareil circulatoire artériel veineux et lymphatique et réuni par une atmosphère variable de matière amorphe naissante.

que Comte a consigné ses premières opinions sur cette théorie du système nerveux en général et du cerveau en particulier; c'est en 1852, dans le premier tome du *Système de politique positive*, qu'il a abordé ce sujet avec la précision que comportait un conspectus général de la science biologique. Enfin il comptait traiter à fond le problème dans son Traité de morale positive, et le rappel dé sa conception principale, aussi bien que son développement, a été fait plusieurs fois depuis avec autant de talent que de fidélité par M. le docteur Audiffrent dans les ouvrages précédemment cités, et par M. Pierre Laffite dans ses cours de philosophie première et de morale. Nous avons donc le droit de nous étonner que cette partie de l'œuvre du fondateur du Positivisme soit tous les jours encore passée sous silence par les vulgarisateurs scientifiques les plus en faveur, matérialistes ou spiritualistes, qui, sous prétexte de *psychologie pure* ou *expérimentale*, en font honneur à tant d'écrivains étrangers, surtout anglais, qui ont puisé leur originalité philosophique dans les ouvrages de Comte, précisément à la faveur de l'inqualifiable obscurité systématique dans laquelle ceux-ci ont été laissés par les publicistes français, dupes ou complices.

La prétendue psychologie expérimentale n'est que la physiologie du cerveau conçue par Cabanis, fondée par Gall et par Broussais et systématisée par Auguste Comte; ceux qui s'en font une célébrité aujourd'hui en France, en Italie, en Allemagne et surtout en Angleterre n'ont fait qu'en changer le titre et la nomenclature, et qu'en barbouiller de métaphysique matérialiste les principales conceptions, par un singulier manque de respect envers leurs devanciers, par un mépris inouï de la filiation historique, et avec une confiance dans l'ignorance de leurs contemporains, qui touche d'assez près à l'impudeur.

Quoi qu'il en soit, nous n'avons voulu indiquer ici que ce qui est strictement indispensable, en fait de physiologie cérébrale, pour comprendre l'existence et le développement des animaux, les actes essentiels de leur vie individuelle ; lorsque nous résumerons l'ensemble de la science morale, nous reviendrons sur le concours de ces forces élémentaires considérées dans leur complet exercice, surtout social, au point de vue normal et pathologique, de manière à donner une idée positive des grands problèmes de l'unité et de la continuité de l'être, malgré des facultés si diverses et souvent opposées.

Tel est le résumé de la science vitale, qui, par sa partie supérieure, que nous venons d'examiner, nous conduit naturellement à la sociologie.

6° Sociologie proprement dite
(science sociale).

Celle-ci étudie l'existence sociale, les lois naturelles des phénomènes politiques, que présente l'homme vivant en société, en un mot l'ordre humain collectif [1].

1. Pour cette science nouvelle, V. Auguste Comte, *Philosophie positive*, t. IV, V, VI ; *Polit. posit.*, t. II, III et IV ; *Catéchisme positiviste*. — Condensation Martineau, t. II. — M. Rig, *idem*.

Depuis la mort d'Auguste Comte, M. Pierre Laffitte n'a cessé d'enseigner la sociologie concrète et abstraite, l'histoire des principaux agents de l'évolution humaine (voy. *Les grands types de l'Humanité*, 2 vol. in-8, Paris, 1875) et la science sociale elle-même (voy. à la fin du volume, *Annexe*, le programme du cours, imprimé en 1876).

En Angleterre, MM. Congreve, Beesly, G. et V. Lushington, Bridges, F. Harrison, J. C. Morison, etc., n'ont cessé, non plus, de reproduire sous diverses formes un pareil enseignement.

Enfin, des deux côtés du détroit, de nombreux travaux historiques et politiques ont été publiés pour développer certains points de sociologie statique ou dynamique, entre autres : *Considérations générales sur l'ensemble de la civilisation chinoise*, par M. Pierre Laffitte, Paris, 1861 ; *Le Positivisme et l'économie politique*, par le même, 1873 ; *La Révolution française* (période négative), par le même, 1880 ; — Danton, *Mémoire sur sa vie privée*, par le Dr Robinet, Paris, 1863 ; *La nouvelle politique de la France* (relations extérieures), par le même, 1875 ; — *Le Procès des Dantonistes*, par le même, 1880 ; — *Essays political, social and religious*, by R. Congreve,

Ces lois, statiques et dynamiques, expliquent le *consensus* et l'évolution dans toute société.

La science sociale se compose donc de deux parties essentielles : l'une qui construit la théorie de l'ordre, l'autre qui développe la doctrine du progrès.

La méthode propre à la sociologie, outre celles des sciences qui la précèdent et qu'elle doit utiliser, — l'induction, la déduction, l'observation, l'expérimentation, la comparaison, — est la *filiation historique*. Enfin, elle tire également parti de la méthode subjective pour sa propre coordination, pour instituer les questions propices et éliminer toutes celles qui sont oiseuses. Mais les observations directes, les matériaux concrets et documents de toute sorte recueillis par l'histoire de tous les peuples et la connaissance géographique de la Terre, forment la base spéciale, le *substratum* indispensable de toutes ses conceptions.

Ce point peut même servir à caractériser d'une manière définitive la différence vraiment spécifique qui existe, sous l'aspect logique, entre la philosophie matérialiste et la

London, Longmans, Green and C°, 1874; *Internationalpolicy, Essays of the foreign relations of England*, by R. Congreve, F. Harrison, Ed. Beesly, E.-H. Pember, J.-H. Bridges, C.-A. Cookson et H.-D. Hutton, 1866; — *Iohan of Arc*, by J.-C. Morison; *Saint Bernardof Clairvaux*, by the same, etc.; — *Order and Progress* (I, Thoughts on government; II, Studies of political crises), by F. Harrison, London, 1875, etc.

philosophie positive, ou, plus généralement, entre les deux synthèses objective et subjective.

A cet effet, nous engageons nos lecteurs à comparer le programme du cours de sociologie de M. Pierre Laffitte, que nous avons mis en annexe à la fin de notre travail, avec la table de la *Sociologie d'après l'ethnographie*, de M. le Dr Létourneau.

Rien qu'en comparant ces deux *index*, on pourra juger qui, du Matérialisme ou du Positivisme, a construit la science sociale, et si le répertoire de faits publié par le dernier auteur, lequel n'est, à proprement parler, qu'un manuel ethnographique, tout intéressant et précieux qu'en soit le contenu, peut tenir lieu, à un point de vue quelconque, de la principale création d'Auguste Comte.

Sans aucun doute, le choix des renseignements ethnographiques, anthropologiques, zoologiques, cosmologiques, géographiques, etc., a une importance fondamentale en sociologie, puisque, nous le répétons, c'est là le *substratum* inévitable des observations et des constructions abstraites qui seules peuvent caractériser la science ; mais nous sommes complètement assurés que sous ce rapport, comme à tous autres égards, la préparation du fondateur du Positivisme, ou la somme de documents concrets qu'il avait su accumuler avant de se livrer à ses méditations sociologiques, ne le cédait en rien, quoiqu'il n'en fît nullement étalage, à celle du savant auteur de la *Sociologie d'après l'ethnographie.*

Mais y a-t-il seulement à discuter sur ce point? Et M. Létourneau a-t-il eu la prétention de traiter de la science sociale? Assurément non, puisque, pour le Matérialisme, cette science, — collection d'empreintes dont l'objet se meut et change toujours, — n'est pas et ne sera jamais achevée. Simple catalogue de faits, en dehors de tout lien rationnel et de toute conception précise des relations qu'ils ont entre eux, ou de leurs lois naturelles, elle n'embrassera jamais tous ses phénomènes, qui se multiplient indéfiniment sans pouvoir épuiser leur évolution.

C'est du moins ce qu'affirme M. André Lefèvre, dont le nom fait ici autorité : « Plus que toute autre, dit-il, la sociologie est une science ouverte, en marche, inachevée. *Seul, le dernier homme en clora le cycle ; seul, il en pourra formuler les lois,* — ou à son défaut les hardis inventeurs d'absolus, ceux qui, s'élançant par delà les âges, au-dessus et en dehors de la réalité, rapportent de leurs lointains voyages des révélations imaginaires [1]. »

Ainsi, les phénomènes sociaux ne sont soumis à aucune loi actuellement appréciable ; ils ne peuvent encore donner lieu à aucune science réelle. Ce qu'on a dit dans ce sens, jusqu'à ce jour, n'est que « rêve de millénaire », que folie et fiction ; le dernier homme seul trouvera le secret (un peu tard pour fournir

. 1. Voy. la *République française* du 21 août 1880.

une base rationnelle à l'art *politique*).....

Disons plutôt que les philosophes matérialistes manquent du véritable esprit scientifique, qu'ils ne comprennent point les conditions logiques du problème de l'institution de
la science sociale, qu'ils confondent ici comme
partout, déplorablement, l'abstrait et le concret, et ressemblent à ceux qui prendraient la
coupe des pierres et la construction des esca-
liers pour la géométrie elle-même.

Statique sociale. — Au point de vue statique, la sociologie étudie les parties essentielles de l'organisme collectif, les institutions
mères et les appareils fondamentaux qui servent de base à l'existence sociale : la propriété, la famille, le langage, le gouvernement,
temporel ou politique, spirituel ou religieux.

La nature corporelle de l'homme, sa constitution biologique, qui exigent un renouvellement continu de sa substance, au moyen de
la nutrition, laquelle ne peut elle-même avoir
lieu que par les boissons et par les aliments
(sans parler de la respiration ou nutrition
gazeuse), impose comme nécessité sociale, pri-
mordiale et inéluctable, l'accommodation du
milieu ambiant, cosmologique et politique, à
ce besoin fondamental, par le travail ou par l'industrie. Si notre sustentation pouvait s'effectuer par la respiration seulement, cette action
si compliquée de l'homme sur la planète pour
l'accommoder à son usage serait absolument
inutile et n'aurait sans doute pas pris naissance. Il n'en a pas été ainsi.

Or, tout travail effectif comporte trois
phases successives : la production, la conservation, la transmission. La question économique, formation et appropriation du capital,
résulte donc tout entière de notre constitution
individuelle, et c'est la première que doive
aborder la sociologie.

Elle la résout par des considérations relatives au monde, qui fournit la matière propre
à satisfaire nos besoins matériels, et à l'Humanité, de qui viennent les agents de la production.

Deux grandes lois, avons-nous déjà dit,
fixent la double influence de l'homme et de la
nature sur les phénomènes économiques
1° *Tout individu peut produire plus qu'il
ne consomme.* 2° *Les produits sont susceptibles de durer plus de temps qu'il n'en faut
pour les remplacer.*

Ce sont ces deux dispositions fondamentales
qui, en permettant d'*économiser,* assurent la
formation du capital. C'est-à-dire que l'excé-
dant de la production sur la consommation
réalisable par chaque génération, peut être
accumulé et transmis aux suivantes : ce qui
a permis à la société de dispenser quelques-
uns de ses membres de la production matérielle immédiate et de favoriser l'avènement
d'une classe contemplative vouée à la culture
intellectuelle, sans l'action de laquelle aucun
progrès sérieux n'eût été possible.

D'autre part, la formation du capital fait
naître aussitôt la question de l'appropriation

ou de la propriété, d'après la double considération de la nature essentiellement collective
de toute production, qui doit par cela même
conserver toujours une destination sociale, et
de la nécessité d'une affectation personnelle
du capital (produits et instruments), pour la
meilleure gestion de la richesse et pour l'indépendance nécessaire des agents de produc-
tions, ou de l'homme [1].

La question du travail peut donc se résumer
d'après ces deux formules générales : la génération actuelle reçoit des générations qui
l'ont précédée, pour la satisfaction de ses besoins ou de ses conditions d'existence, un capital qu'elle doit transmettre, en l'augmentant,
aux générations suivantes. — La richesse, sociale dans sa source, doit l'être aussi dans sa
destination, tout en conservant une appropriation personnelle nécessaire pour être employée
avec indépendance au service de la société.

La science sociale établit ainsi que la propriété n'est ni de droit divin, ni de droit métaphysique, *jus uti et abutendi ;* qu'elle a un
caractère relatif, et que c'est une fonction sociale, une charge personnelle dont l'exercice
est subordonné à l'intérêt général ou au bien
public [2].

Quant à la famille, c'est aussi une institu-

1. V. *Le Positivisme et l'économie politique,* par
M. Pierre Laffite, 1 vol. in-32. Paris, 1876.
2. Voy. A. Comte, *Polit. posit.,* t. II ; — *Le Positivisme et l'économie politique,* par M. Pierre Laffitte, br.
in-32.

tion spontanée imposée par la nature de
l'homme. Le besoin de se reproduire, qui as-
sure la pérennité de l'espèce, le rapproche de
la femme et fonde cette association élémentaire qui devient le point de départ des plus
vastes groupements sociaux et de la constitution de l'Humanité elle-même.

Déterminé par une impulsion animale, l'instinct sexuel, le rapprochement de l'homme et
de la femme est d'abord maintenu par le pen-
chant à élever les petits, ou par l'instinct éducateur, et ensuite par le développement d'un
sentiment plus noble, l'attachement réciproque
qui vient consolider et charmer l'union primitive. De là la famille, qui, surgie de la promis-
cuité, pour s'élever, par les différents modes de
polygamie, à la monogamie finalement propre
à l'Occident, fait surgir enfin les plus hautes
aptitudes morales de notre espèce, le dévouement des parents pour les enfants et la vénération de ceux-ci pour leurs ascendants. A ce
degré, l'association n'a plus pour but essentiel et unique la procréation, mais le perfectionnement réciproque des époux et leur coopération de plus en plus intime et volontaire à
l'éducation de leurs descendants. C'est l'association harmonique des deux sexes, où l'homme
représente la force et le commandement et la
femme l'influence morale et la persuasion [1] :
véritable unité sociologique qui prépare les
uns et les autres à la vie publique par le dé-

1. Voy. Comte, *loco citato.*

veloppement des affections désintéressées, des
sacrifices réciproques et des devoirs librement
accomplis.

Le langage, en tant que moyen indispensable de communication pour aider au concours
qu'exigent les opérations économiques et do-
mestiques, est le complément indispensable
des deux institutions fondamentales que nous
venons d'indiquer. Déjà constaté chez les animaux, il devient saillant chez les premières
associations humaines. L'importance de sa
destination affective, intellectuelle et collective
ne saurait être contestée : c'est une des principales institutions de notre espèce et qui a le
plus contribué à sa prépondérance et à son
avènement.

Mais, ainsi pourvues des produits nécessaires à leur existence et des moyens de communiquer entre elles, les familles tendent
spontanément à se grouper en associations
de plus en plus étendues, guerrières ou industrielles selon les temps et selon les nécessités,
suivant l'état nomade ou sédentaire, etc., et à
former bientôt la tribu, puis la cité et la nation, dont le maintien et le concours, indispensables pour atteindre au but poursuivi en
commun, nécessitent la coordination des efforts, une organisation politique, en un mot
un *gouvernement*, ou la réaction générale
d'un centre sur toutes les parties qui composent l'organisme social.

Or cette influence directrice peut s'exercer
sur les intérêts matériels immédiats et s'im-

poser aux volontés par la force, obtenir un concours obligatoire par le commandement : c'est le gouvernement proprement dit, temporel ou politique, la *loi*; ou bien s'adresser à l'intelligence, aux opinions et aux sentiments, par le conseil, par la démonstration et par la persuasion, pour arriver à modifier indirectement les actes : c'est l'influence spirituelle ou religieuse, susceptible d'une portée bien plus étendue et qui peut même embrasser la généralité des hommes ; l'Etat n'a en effet qu'une compétence limitée aux groupements matériels, toujours forcément restreints, tandis que, par la même foi, l'Eglise peut comprendre un nombre considérable d'Etats, et même tous, si la croyance est, comme la philosophie positive, réelle et par conséquent susceptible d'universalité.

Bien que trop sommaire, cette notion des institutions élémentaires de toute société va nous permettre de donner une idée générale de ce qu'il faut entendre par existence sociale.

Pour cela, il faut concevoir notre espèce, ce grand être collectif que l'on appelle l'Humanité, comme étant, de la même manière que chacun des individus qui la composent, mais à un degré beaucoup plus prononcé, dirigée par le sentiment, éclairée par l'intelligence et soutenue par l'activité, et cela par l'intermédiaire de trois éléments spontanés et essentiels de tout ordre social, que nous rangeons ici suivant le degré de leur dignité décroissante et de leur indépendance croissante : le

sexe affectif ou les femmes, la classe contemplative ou le sacerdoce, et la force pratique,
ce dernier comprenant tous les hommes exerçant une action sur le monde, comme. direc-
teurs ou comme exécutants.

Cette force active se décompose en con-
centrée et dispersée, suivant qu'elle résulte
de la richesse, ou du nombre, des possesseurs
du capital (instruments, immeubles et numé-
raire), des entrepreneurs en un mot, — ou des
ouvriers. Ceux-ci développent spécialement
l'impulsion pratique, avec la personnalité que
suppose sa principale énergie. Les premiers, au
contraire, doivent diriger la réaction sociale
qui élève et ennoblit de plus en plus le travail
individuel. Ils représentent encore la continuité, et les seconds la solidarité. Car les trésors matériels que détiennent les riches et
que la société, en définitive, laisse entre leurs
mains, proviennent d'une longue accumula-
tion, de sorte que le travail manuel n'acquiert
son entière consécration que s'il est effectué
en vue du bien commun.

Toute puissance pratique émane donc des
détenteurs du capital, ou, si l'on veut, des pa-
triciens, maîtres des réservoirs nutritifs indispensables à l'existence régulière de la société,
et dont la principale efficacité résulte de leur
concentration. C'est ainsi que la propriété
matérielle est reconnue comme étant la condition fondamentale de l'activité continue de
notre espèce et la base indirecte de nos plus
éminents progrès.

ROBINET. — LXVI.   9

Quant au second élément pratique, le prolétariat, sans lequel le premier n'aurait pas de raison d'être, il constitue le fond nécessaire de toute population. Outre sa fonction directe et indispensable, la production, ne pouvant acquérir d'influence sociale que par l'union, il tend directement à développer les meilleurs instincts de notre nature.

D'autre part, sa situation sociale elle-même attire sans cesse son attention sur les règles morales d'une organisation dont il supporte plus spécialement les moindres perturbations ; et, naturellement dégagé de la responsabilité et des préoccupations qu'entraîne l'exercice d'une autorité quelconque, il devient très propre à rappeler tous les pouvoirs, théoriques ou pratiques, sacerdoce ou patriciat, aux obligations réelles de leur destination sociale. Il n'y a pas jusqu'à l'action de la femme dans la famille ou dans la société qui ne soit avantageusement justiciable de cette juridiction d'opinion.

On peut donc dire que l'action la plus élevée des quatre éléments fondamentaux de l'association humaine : les femmes, ou l'influence morale, le pouvoir religieux ou spirituel, la puissance matérielle ou patriciat, et le contrôle général émané du prolétariat, action qui s'exerce par la mise en œuvre des institutions-mères précédemment décrites, la propriété, la famille, le gouvernement et la religion, doit arriver à constituer, pour l'Humanité tout entière, une providence systématique,

consciente et prévoyante, tendant à en améliorer indéfiniment la nature et la situation.
La providence féminine, qui doit toujours
dominer l'essor moral, dispose déjà à sentir
la continuité et la solidarité sociale en diri-
geant l'éducation au sein de la famille. Ensuite, l'action sacerdotale fait apprécier systématiquement la nature et la destinée de cette
Humanité dont nous faisons partie, en nous
apprenant à connaitre l'ordre réel dont elle
est un des éléments les plus importants.
Nous tombons enfin sous la prépondérance
directe et perpétuelle de la providence matérielle, qui nous initie à la vie pratique, dont
les réactions affectives et spéculatives com-
plètent notre préparation et dont les exigences
effectives appellent notre mise en valeur et
notre action définitive [1].

Pour préciser encore cette notion générale
de la constitution intime de la société, il faut
observer que ses deux éléments les plus spéciaux, le pouvoir spirituel, le sacerdoce qui
conseille, et le pouvoir temporel, le patriciat qui commande, forment seuls deux classes distinctes, les femmes et les prolétaires
représentant le fonds commun de toute population.

De la classe théorique, qui, chez les tribus
primitives, n'est encore représentée que par
les vieillards, émanent l'éducation systématique, et ensuite l'action consultative sur

1. Comte, *Catéchisme positiviste.*

toute la vie réelle, afin de ramener chacun
à l'harmonie générale, qu'elle dispose à mé-
connaître. C'est par l'institution du langage
que le sacerdoce peut ainsi répartir les biens
spirituels dont il est le dépositaire et le gar-
dien.

Quant au patriciat, qui détient, pour le
service de l'Humanité (il ne peut y avoir d'autre motif réel ni légitime à cette appropriation) les trésors matériels accumulés par le
travail séculaire de l'homme, sa fonction est
de les entretenir, de les augmenter et de les
répartir, en remplaçant, d'après la loi des
conditions d'existence, chez chaque producteur, les matériaux qu'il consomme pour sa
subsistance et les instruments nécessaires
pour accomplir sa fonction [1].

Tout organisme social, quelque considérable
qu'il soit, présente nécessairement, partout et
toujours, les éléments fondamentaux que nous
venons d'indiquer, c'est-à-dire, si nous recou-
rons pour plus de précision à une comparaison biologique, comme tissus fondamentaux, les femmes et les prolétaires, comme
organes spéciaux le patriciat et le sacerdoce,
comme appareils plus généraux de direction
et de ralliement la famille, la cité, l'Etat et
l'Eglise; le *consensus* social étant finalement
maintenu par ce dernier système, qui seul
peut assurer le fonctionnement régulier de la
vie matérielle, intellectuelle et morale, et

1. Comte, *loco citato*.

l'harmonie suffisante du grand être, c'est-à-dire de cet immense organisme collectif qui représente l'Humanité.

Tel est, d'ensemble, l'état statique de l'existence sociale, ou la théorie de l'ordre [1].

Dynamique sociale. — Quant à son état dynamique, quant à son développement ou son évolution, ils consistent, entre les limites de variabilité que la sociologie a reconnues appartenir à l'existence collective, dans la succession des modifications corrélatives et fixes que subissent, dans leur mouvement spontané, les éléments sociaux et les institutions essentielles que nous venons de caractériser.

Toutes les observations que l'on a pu faire sur les différents groupes humains évoluant à travers les âges établissent l'existence d'un changement continu dans l'état des diverses couches sociales fondamentales et des institutions mères qui servent à leur action, la condition du prolétariat, du patriciat, du sacerdoce et des femmes, le caractère de la propriété, de la famille, du langage, de la cité ou de l'État, et de l'Église ayant incessamment varié suivant les temps et selon les lieux. Le propre de la philosophie positive,

1. Il serait absolument dérisoire de vouloir juger par les quelques lignes que nous avons consacrées ici à la statique sociale l'institution de cette grande science, dont on ne pourra obtenir une idée exacte qu'en méditant l'exposition magistrale qu'en a fait Auguste Comte dans le tome II de son *Système de politique positive.*

comme la gloire de son fondateur, est d'avoir trouvé et établi par démonstration la loi de cette variation, ou la fixité de ses successions, d'après la relation constante qu'elles affectent avec le développement des trois principaux attributs de notre nature, l'intelligence, l'activité et le sentiment.

Toutes les mutations sociales ainsi observées dépendent en effet de l'évolution de ces éléments premiers de toute manifestation collective, qui est elle-même dominée par les lois fondamentales que nous avons exposées dans la première partie de cet opuscule.

Les variations de l'ordre social ne présentent donc aucune confusion et s'effectuent dans un sens et d'après une succession déterminée dont la série constitue ce que l'on appelle le *progrès*, la civilisation ; ainsi, toutes les populations quelconques, en même temps qu'elles s'élèvent de l'état théologique et militaire à l'état scientifique industriel, tendent à un niveau moral où la sociabilité, d'abord simplement domestique, devient universelle, et les classes comme les institutions empruntent à cette évolution plus générale tous les caractères particuliers de leurs variations, quelque multipliées qu'elles soient. Si l'on peut résumer l'évolution spéculative et l'évolution active de notre espèce en les regardant comme tendant à nous rendre plus synthétiques et plus synergiques, on reconnait également que l'évolution affective aboutit surtout à nous rendre plus sympathiques.

Néanmoins il faut rappeler que l'intelligence et l'activité seules ont ici une influence directe, comme produisant des résultats susceptibles de s'accumuler, tandis que le sentiment ne se modifie qu'indirectement, sous le poids des mutations de la raison et de l'activité.

Au début de l'évolution sociale, l'esprit humain se trouvait en face d'une haute difficulté : car, si toute vraie théorie repose nécessairement sur des faits observés, il est également certain que toute observation, pour être suivie, exige une théorie quelconque. Notre intelligence ne pouvait donc trouver d'issue à cette situation contradictoire qu'en employant une méthode purement subjective, ou en tirant du cerveau de l'homme lui-même, ou du sujet observateur, les moyens de lier entre eux les renseignements que le monde ne pouvait fournir qu'après une très longue étude. « Alors le sentiment supplée à l'impuissance de l'intelligence, dit Auguste Comte, en lui fournissant le principe de toutes les explications, par les affections correspondantes des êtres quelconques, spontanément assimilés au type humain. Mais cette philosophie initiale est nécessairement fictive et par suite uniquement provisoire. Elle institue entre la théorie et la pratique un antagonisme continu qui, graduellement modifié d'après la réaction croissante de l'activité sur l'intelligence, se prolonge pendant toute notre préparation et ne se termine que dans l'état positif. Tandis que la spéculation attribuait tout à des volontés arbitraires, l'action supposait toujours des lois invariables, dont la connaissance, de moins en moins empirique et de plus en plus étendue, a fini par renouveler l'entendement humain [1]. »

Quant à l'activité elle-même, sa marche résulte aussi, comme celle de l'intelligence, de l'impossibilité de toute autre issue primitive. L'état social ne peut, sans aucun doute, se consolider et se développer que par le travail; mais, d'un autre côté, l'essor du travail suppose autant la préexistence de la société que celui de l'observation exige la systématisation théorique. Le dénouement d'une telle perplexité s'opère donc encore d'après une évolution spontanée qui dispense de toute préparation. L'activité guerrière remplit seule cette condition, vu la prépondérance naturelle de l'instinct destructeur sur l'instinct constructeur. Nécessairement collective, elle provoque des associations solidaires, consistantes et durables, et détermine la formation de grands États qui compriment la turbulence militaire partout ailleurs que chez le peuple dominant. Il n'existe pas d'autre moyen d'arriver à l'état pacifique et de surmonter la répugnance qu'inspire d'abord à l'homme tout travail régulier. Car, aussitôt que cette domination

1. *Catéchisme positiviste.* — C'est cet état naturel, spontané et inévitable, que la philosophie matérialiste condamne sous le nom d'*anthropomorphisme.*

guerrière acquiert l'extension dont elle est susceptible, le régime militaire conquérant tend à se transformer en action défensive, pendant laquelle la domination guerrière prépaie l'existence industrielle, qui devient bientôt elle-même prépondérante.

Le moment où commence cette évolution spontanée de notre intelligence et de notre activité est celui où nous sortons des simples rapports d'animalité, pour commencer l'état social proprement dit. Cette période reculée et si importante, dont l'analyse systématique et la connaissance réelle sont certainement dues au fondateur du Positivisme, a été désignée au XVIIIᵉ siècle sous le nom de *fétichisme;* c'est l'état primitif et spontané de toute civilisation, comme le début de notre enfance, ou de chaque évolution individuelle [1].

Son efficacité consiste surtout dans la fondation spontanée de cette méthode subjective dont nous venons de parler et qui dirigea l'ensemble de la préparation humaine.

A ce point initial de notre évolution, quand une passion quelconque nous pousse à chercher les causes des phénomènes dont nous ignorons les lois, afin de les modifier après les avoir prévus, nous attribuons directement aux êtres correspondants, chez qui nous observons les événements qui nous intéressent, des affections humaines, au lieu de les assu-

1. Voy. A. Comte, *Système de politique positive,* t. III. — *Du culte des dieux fétiches,* par le président de Brosses, 1760.

jettir, comme fait le théologisme, à des volontés extérieures et surnaturelles. La vraie logique, celle où les sentiments dominent les images et les signes, a donc une origine fétichique, et le fétichisme est plus naturel et plus spontané que le polythéisme, qu'il précède partout et toujours.

On ne peut davantage contester son aptitude morale, vu sa tendance à faire partout prévaloir le type humain. Il nous rend profondément sympathiques envers tous les êtres, même les plus inertes, en nous les faisant toujours concevoir comme vivants et comme essentiellement sympathiques à nous-mêmes.

Sous l'aspect social, où il est moins puissant, on doit néanmoins au fétichisme d'importants services, tels que de modérer, par sa tendance à l'adoration matérielle, les destructions immenses exercées par les peuples chasseurs ou pasteurs sur les animaux et les végétaux, et de diriger la première des révolutions sociales, celle qui sert de base à toutes les autres, le passage de l'état nomade à l'état sédentaire, d'après le profond attachement qu'il inspire pour le sol natal.

« La principale imperfection de ce régime spontané, dit encore Auguste Comte, consiste à ne laisser surgir que très tardivement un sacerdoce quelconque, propre à régler ensuite l'essor humain. Car ce culte (le culte des fétiches), quoique très développé, n'exige d'abord aucun prêtre, vu sa nature essentiellement privée, qui permet à chacun d'adorer sans intermédiaire des êtres presque toujours accessibles. Toutefois le sacerdoce finit par y surgir, quand les astres, longtemps dédaignés, deviennent les principaux fétiches, dès lors communs à de vastes populations. Leur nature inaccessible étant assez reconnue, elle suscite une classe spéciale destinée à transmettre les hommages et commenter les volontés. Mais, dans cet état final, le fétichisme touche au polythéisme, qui partout provint de l'astrolatrie [1]. »

Ce passage du fétichisme au théologisme constitue, du reste, la plus difficile des révolutions préliminaires de notre intelligence, qui doit alors substituer brusquement l'inertie à l'activité, et même à la vie, dans la conception générale de la matière, afin de motiver l'intervention divine. Toutefois, les agents extérieurs, les volontés surnaturelles, les dieux en un mot, s'introduisent spontanément, par le plus grand effort de subjectivité, quand l'esprit humain, atteignant sa seconde enfance, s'élève de la contemplation des êtres à celle des événements, qui est, comme nous l'avons indiqué précédemment (voy. première partie), la seule base possible des méditations scientifiques. En prolongeant la méthode initiale, les phénomènes, considérés simultanément dans une infinité de corps, sont alors attribués à des volontés plus générales nécessairement émanées du dehors, ou extérieures aux êtres. C'est là le fonds du polythéisme.

1. *Catéchisme positiviste.*

C'est de lui, principalement, que dépend l'ensemble de la préparation humaine, l'affermissement définitif de la civilisation.

D'abord, il complète la philosophie initiale en l'étendant à nos plus hautes fonctions, à nos actes intellectuels et moraux, qui deviennent l'occupation favorite des dieux, ce que n'avait pu faire le fétichisme, absorbé par l'investigation du monde matériel. En même temps, le polythéisme consolide et développe le sacerdoce ébauché par l'astrolatrie.

De plus, tous les types de sociétés polythéiques, quelles que soient leurs variétés, présentent deux institutions fondamentales et connexes, la confusion des pouvoirs spirituel et temporel, l'esclavage de la population laborieuse. La première résulte nécessairement du caractère absolu de la doctrine théologique, alors prépondérante; car il est difficile de se borner à conseiller, lorsqu'on parle au nom d'une autorité sans limites, dont toutes les inspirations deviennent bientôt des commandements sacrés; et d'ailleurs, ce régime préliminaire devant surtout développer les forces humaines, tous les pouvoirs avaient besoin d'y être profondément combinés afin de surmonter l'indiscipline naturelle de l'homme primitif. Quant à l'esclavage, qui conservait le prisonnier de guerre au lieu de le manger ou seulement de le détruire, il fut un progrès réel dans la voie de la sociabilité, outre qu'il permit, en assurant la vie industrielle des peuples guerriers, l'essor des conquêtes indispensables pour fonder les grandes civilisations et amener le régime de la paix. Enfin, en permettant d'habituer l'homme au travail, il devint un moyen d'amélioration personnelle après avoir été le gage de la vie.

Le principal mode social du polythéisme est l'antique théocratie, ou polythéisme conservateur; c'est le seul ordre vraiment complet que présente l'ensemble de la préparation humaine, dont toutes les autres phases, polythéisme progressif grec, romain, etc., ne sont que des modifications dissolvantes de ce régime fondamental.

La théocratie, dont les meilleurs modèles nous ont été offerts par l'Inde et surtout par l'Égypte, repose partout sur deux institutions essentielles et corrélatives, l'hérédité des professions et la prépondérance de la classe sacerdotale. La première fournit le seul moyen de conserver les progrès accomplis dans tous les genres, dans les sciences et les beaux-arts, dans l'industrie et dans la politique ou la guerre. Mais ce régime décomposerait toute population en castes trop séparées si la prépondérance générale de la caste principale, le sacerdoce, n'y venait constituer l'État, en fournissant à toutes les autres professions un lien respecté, susceptible de la plus vaste extension.

Cependant la théocratie ne sut entièrement s'établir que chez les peuples où la culture intellectuelle et le travail purent se développer avant l'activité guerrière, qui devint partout le dissolvant de ce régime en faisant prévaloir la caste militaire sur la caste sacerdotale. Malgré les immenses efforts de la politique sacerdotale pour détourner l'ardeur belliqueuse vers des expéditions lointaines toujours suivies de colonisations définitives, la théocratie subit partout la domination du patriciat militaire, comme il arriva en Grèce et en Italie, mais en maintenant les mœurs anciennes. Du reste, les tendances oppressives à l'immuabilité ne se développèrent jamais que dans la dernière phase de ce régime et y résultèrent toujours de la dégradation du caractère sacerdotal, amenée par l'exercice du commandement et par la possession de la richesse.

Quant au polythéisme progressif, issu de la théocratie d'après la révolution qui amena la prépondérance des guerriers sur les prêtres, il présente dans l'histoire deux modes très différents, l'un essentiellement intellectuel : c'est le cas de la Grèce ; l'autre éminemment social, comme à Rome. Le premier surgit quand les circonstances locales et politiques ne permettent point à l'activité militaire, quoique très développée, comme il arriva dans le Péloponèse et l'Attique, d'instituer un véritable système de conquêtes. Alors sa réaction latente pousse tous les hommes vraiment supérieurs vers la culture mentale, devenue le principal objet de l'attention publique et dégagée ainsi de la discipline sacerdotale. Quand, au contraire, la guerre peut tendre librement à la domination universelle, ainsi qu'il arriva à Rome, centre naturel de la Méditerranée, l'intelligence se subordonne à l'activité, et tous les citoyens sont ordinairement absorbés par les sollicitudes sociales au dedans comme au dehors.

Ces deux modes du polythéisme progressif furent également nécessaires, chacun selon sa nature et dans son temps, au grand mouvement de civilisation qui se fit en Occident après la rupture spontanée du joug théocratique. Cette dernière préparation se rapporte nécessairement aux attributs essentiels de la nature humaine, à l'intelligence d'abord, puis à l'activité, pour aboutir enfin au sentiment.

La théocratie initiale cultivait simultanément ces trois aspects de notre existence ainsi soumise à des règles complètes, quoique trop peu favorables au progrès. Mais cette discipline était si bien la seule qui convînt au théologisme qu'on ne put jamais lui rien substituer de durable tant que prévalut la synthèse fictive. On ne put accélérer la marche de la civilisation qu'en brisant une telle harmonie pour développer séparément et successivement chaque partie de l'existence humaine, aux dépens des deux autres. Ce caractère si incomplet distingue nettement d'abord l'élaboration grecque, puis la préparation romaine et enfin l'initiation catholico-féodale.

Nous n'entrerons pas dans l'analyse, même sommaire, de cette grande élaboration, généralement mieux connue que celle qui l'a préeédée ; nous rappellerons seulement qu'au régime du moyen âge dut succéder une transition plus rapide encore de décomposition du régime primitif, théologique et militaire, pour amener l'Humanité à sa situation définitive, caractérisée par la prépondérance de la science et de l'industrie, préparée par les âges antérieurs [1].

On conçoit aisément le caractère fatalement orageux de l'immense crise à laquelle aboutit l'ensemble des cinq siècles qui nous séparent du moyen âge, événement connu dans l'histoire sous le nom de Révolution française. Il résulte d'une discordance inévitable, vu la vitesse inégale de développement, entre les deux progressions qui représentaient la civilisation occidentale, dans laquelle l'essor positif ou scientifique-industriel n'était aucunement prêt à satisfaire aux exigences organiques et reconstructrices résultées de l'essor négatif, révolutionnaire, critique ou destructeur de l'ancien régime. Tandis que celui-ci renversait toutes les vues d'ensemble capables d'inspirer la direction de la société, celui-là n'y pouvait encore substituer que des conceptions de détail, relatives à ses conditions cosmologiques et économiques.

Aussi le principal résultat de la crise révolutionnaire fut-il l'abolition de la royauté, l'avènement du régime républicain et de la liberté de conscience.

1. Voy. Comte, *Système de politique positive*, t. III, et *Catéchisme positiviste*, 11ᵉ entretien.

Quoique éphémère, le régime nouveau permit néanmoins l'achèvement et là propagation, autrement impossible, de l'immense préparation scientifique qui, commencée à Thalès et à Pythagore, se poursuivit pendant tout le moyen âge et ne cessa d'avancer à travers l'anarchie moderne. Au début de l'explosion française, elle ne suffisait encore qu'en cosmologie, d'après le récent avènement de la chimie à l'état de science. Mais l'essor décisif de la biologie, fondée par Bichat et complétée par Gall, acheva bientôt de fournir la base scientifique nécessaire pour arriver à la rénovation totale de l'esprit philosophique. L'ensemble du mouvement scientifique aboutit alors, par les travaux d'Auguste Comte, à l'avènement de la science sociale, commencé par la mémorable tentative de Condorcet, essayant déjà de subordonner systématiquement l'avenir au passé, malgré les dispositions les plus antihistoriques de la société au milieu de laquelle il vivait. C'est ainsi que, comme nous l'avons précédemment indiqué, sous l'universelle prépondérance du point de vue humain, l'action subjective put enfin construire une synthèse vraiment inébranlable, la philosophie positive.

Dès lors il fut possible aussi de considérer comme étant terminée la longue et difficile initiation que dut subir l'Humanité sous l'empire constamment décroissant du théologisme et de la guerre, et d'après l'influence incessamment accrue de la science et de l'industrie, et de concevoir enfin, en même temps que la notion de l'existence normale de notre espèce, le tableau complet de son avenir régénéré [1].

Ici doit s'arrêter l'ébauche que nous venons d'essayer de la dynamique sociale ou de l'évolution collective de notre espèce. Si imparfaite qu'elle soit, elle permettra cependant à nos lecteurs, sauf plus ample informé, de reconnaître que le sens de la progression humaine ou de la civilisation est désormais fixé, qu'il existe une théorie scientifique du progrès, aussi réelle et aussi solidement établie que celle du mouvement de la terre en mécanique, puisqu'elle permet, pour la conduite politique, des prévisions aussi légitimes, quoique plus générales et plus compliquées que celles de la première envers les cas pratiques correspondants. La science sociale est donc fondée.

Observons encore ceci : de même que la statique sociale institue la notion du *consensus* politique, de même la dynamique fournit celle de la *continuité*, d'après la décomposition positive du Grand-Être en trois éléments successifs qui assurent respectivement son indissoluble existence : les contemporains dans le présent, les prédécesseurs ou les ancêtres pour le passé, les descendants dans l'avenir. C'est la connexité, l'indivisibilité de ces trois éléments sociaux, si fortement démontrée par l'étude de l'évolution historique, qui établis-

1. Voyez Auguste Comte, t. IV et dernier du *Système de politique positive*.

sent, dans le temps, l'unité de notre espèce,
comme la conception statique de la solidarité
des générations contemporaines la démontre
dans l'espace ; de manière à mettre hors de
toute contestation la réalité de l'Humanité
comme organisme collectif relativement universel et éternel, et formé, d'après Auguste
Comte, de tous les éléments *convergents*, anthropologiques ou même zoologiques, c'est-à-
dire de tous les agents susceptibles de concourir
au maintien de son existence et au perfectionnement de sa nature physique et morale et de
sa situation terrestre.

7o Morale.

Si élevée que soit cette position théorique
où nous amène l'entier développement de la
sociologie, il nous faut monter encore.

Il existe, en effet, des événements plus compliqués et moins généraux que les faits politiques et sociaux, nous voulons parler des phénomènes moraux, ainsi que de tout ce qui concerne l'activité cérébrale de l'homme individuel.

Ce sont ces manifestations complexes qui
constituent l'objet de la septième et dernière
grande catégorie abstraite que présente notre
série encyclopédique.

Or il nous faut avant tout renouveler ici ce
que nous avons déjà dit à propos de la philosophie première.

Bien qu'Auguste Comte ait laissé dans ses
écrits, principalement dans son *Catéchisme* et

dans le *Système de politique positive*, des indications décisives sur la grande science qui va nous occuper, quoiqu'il nous en ait même transmis le plan manuscrit, qui a été publié pour la première fois dans la notice que nous avons donnée sur son œuvre et sur sa vie, tableau que nous avons soin de reproduire ici, il mourut au moment où il allait fixer le résultat de ses longues méditations antérieures sur cette construction ultime et véritablement capitale.

MORALE THÉORIQUE

INSTITUANT LA CONNAISSANCE DE LA NATURE HUMAINE.

Introduction : philosophie première, philosophie seconde, morale théorique.

Théorie cérébrale (fonctions intérieures, fonctions extérieures, innervation).

Théorie du Grand-Être (l'Humanité) (famille, matrie, Humanité).

Théorie de l'unité (union, unité, continuité).

Théorie vitale (existence, santé, maladie).

Théorie du sentiment (personnalité, sociabilité, moralité).

Théorie de l'intelligence (raison abstraite, raison concrète, harmonie mentale).

Théorie de l'activité (pratique, philosophique, poétique).

Conclusion : synthèse, sympathie, religion (synergie).

MORALE PRATIQUE

INSTITUANT LE PERFECTIONNEMENT DE LA NATURE HUMAINE.

INTRODUCTION.

Education propre à la première enfance (depuis la conception jusqu'à sept ans).

Éducation propre à la seconde enfance (de sept ans
à quatorze).
Éducation propre à l'adolescence (de quatorze ans à
vingt et un).
Éducation propre à la jeunesse (de vingt et un ans à
vingt-huit).
Éducation propre à la virilité (de vingt-huit ans à
quarante-deux).
Éducation propre à la maturité (de quarante-deux
ans à soixante-trois).
Éducation propre à la retraite (de soixante-trois ans
à la mort).
Conclusion.

C'est à M. Pierre Laffitte encore qu'est due
l'élaboration systématique et l'exposition orale
complète de ce couronnement du système entier de la philosophie positive. Il a publié en
1878 le programme de cet enseignement su-
prème, qu'il avait déjà professé quelques années avant et qu'il reprenait alors avec plus de
développement. Le cours de morale positive,
fait en deux années consécutives d'après le
plan tracé par le Maître dans son Traité de politique, comprend vingt leçons pour la morale théorique et vingt pour la morale pratique ; en le faisant publiquement et gratuitement, avec autant de force intellectuelle que
de modeste dévouement, M. Pierre Laffitte a
rendu à la cause positiviste un service des
plus considérables, qui le consacre à juste
titre au rang qu'il occupe aujourd'hui. Car,
s'il ne s'était trouvé, après la mort d'Auguste
Comte, personne qui fût capable d'embrasser

l'intégralité de sa doctrine, de se l'assimiler, de la communiquer ou de l'enseigner dans chacune de ses parties, de la défendre contre les attaques dont elle était l'objet, enfin d'en compléter les lacunes, — et M. Laffitte seul s'est montré à la hauteur de cette tâche difficile, — le Positivisme, enfoui sous un déluge de critiques incompétentes ou mensongères, d'agressions impudentes ou perfides, serait tombé dans un oubli profond, ou bien il aurait passé à l'état de curiosité bibliographique et n'aurait pas vu arriver cette période de discussion publique et de vulgarisation indispensables à son avènement. Surtout, il ne serait jamais parvenu à cette action populaire qui l'incorpore à la vie publique moderne et en fait un des éléments de contrôle et d'initiative les plus originaux et les plus féconds de la progression humaine actuelle.

Morale théorique. — La science morale, *l'éthique*, est plus synthétique qu'aucune autre. C'est vers elle que tous les aspects abstraits précédemment étudiés concourent spontanément pour construire le guide général de la raison concrète ou pratique [1].

1. Voir principalement Auguste Comte, t. IV du *Système de politique positive*, et t. I de la *Synthèse subjective; Discours sur l'ensemble du positivisme; Catéchisme positiviste.* — M. Pierre Laffitte, ENSEIGNEMENT POSITIVISTE, programme du cours de morale théorique et du cours de morale pratique, dans la *Revue occidentale; Considérations générales sur les cimetières de Paris*, 1874; — Dr Audiffrent,

« La cosmologie, dit Auguste Comte, établit d'abord les lois de la simple matérialité. Puis la biologie construit sur cette base la théorie de la vitalité. Enfin, la sociologie subordonne à ce double fondement l'étude propre de l'existence collective. Mais, quoique cette dernière science préliminaire soit nécessairement plus complète que les précédentes, elle n'embrasse point encore tout ce qui constitue la nature humaine. Car nos principaux attributs ne s'y trouvent point assez appréciés. Elle considère essentiellement dans l'homme l'intelligence et l'activité, combinées avec toutes nos propriétés inférieures, mais sans être directement subordonnées aux sentiments qui les dominent. Ce développement collectif fait surtout ressortir notre essor théorique et pratique. Nos sentiments ne figurent en socio-

Des maladies du cerveau et de l'innervation, Paris, 1874 ; — Dr Sémerie, *Des symptômes intellectuels de la folie*, Paris, 1875 ; — Dr Robinet, *Lettres sur l'hyspophagie*, Paris, 1860 ; *Paris sans cimetière*, 1869 ; *Finissons Paris*, observations sur l'édilité moderne, 1879 ; — Dr Lacassagne, professeur de médecine légale et de toxicologie à la Faculté de médecine de Lyon, *Précis d'hygiène privée et sociale*, Paris, 1879 ; — Drs Lacassagne et Dubuisson, *De la crémation*, Paris, 1880 ; — Dr G. Robinet *Sur les prétendus dangers présentés par les cimetières en général et par les cimetières de Paris en particulier*, 1880 ; — *Œuvres philosophiques de Sophie Germain*, avec notice par M. Hippolyte Stupuy, in-12, Paris, 1879 ; — *Essai sur la prière*, troisième édition, par J. Lonchampt, in-32, Leroux, 1878. — Etc.

logié, même statique, que pour les impulsions
qu'ils exercent sur la vie commune ou les modifications qu'ils en reçoivent. Leurs lois propres ne peuvent être convenablement étudiées
que par la morale, où elles acquièrent la prépondérance due à leur dignité supérieure
dans l'ensemble de la nature humaine [1]. »

Or la science constitue toujours un simple
prolongement de la sagesse vulgaire ; jamais
elle ne crée réellement aucune doctrine essentielle. Ses théories se bornent à préciser, gé-
néraliser et coordonner les aperçus empiri-
ques de la raison universelle. Pour fonder
la science morale, il suffit donc de systématiser convenablement la division fondamentale
que le sens commun aperçut de très bonne
heure dans l'ensemble de l'existence humaine,
en y distinguant le sentiment, l'intelligence et
l'activité. Appréciable déjà chez les plus an-
ciens poètes, cette analyse s'y trouve complétée empiriquement par la division générale de
nos penchants en personnels et sociaux, et,
quoique l'éthique ne pût être assez abordée par
aucune théologie ni par aucune métaphysique,
il faut remarquer cependant la tentative initiale
du fondateur du catholicisme, saint Paul, pour
satisfaire aux besoins du nouvel enseignement
religieux. En construisant sa doctrine générale
de la lutte permanente entre la nature et la
grâce, entre les mauvais et les bons sentiments,
il ébaucha réellement l'ensemble du problème

1. *Catéchisme positiviste.*

moral, auquel les mystiques du XV° siècle
ajoutèrent aussi quelques données. C'est seulement au début de notre siècle que sa solution positive ou scientifique put être abordée [1].

Nous avons indiqué précédemment l'admirable effort par lequel le génie de Gall fonda
la théorie positive de la nature humaine, avant
même que la sociologie fût élaborée; — cette
dernière lacune explique les imperfections
inévitables de sa doctrine.

C'est sur cette base, indestructible en ce qui
concerne ses données fondamentales : la plu-
ralité de nos fonctions supérieures, tant mentales que morales, et le siège commun de ces
facultés dans l'appareil cérébral, qu'Auguste
Comte, dès qu'il eut construit la science sociale, éleva la théorie définitive qui constitue
à proprement parler la science morale [2].

Quant à la méthode, outre qu'elle utilise tous
les procédés logiques créés pour les sciences
qui la précèdent — l'observation, l'induction,
l'expérimentation, la comparaison et la filiation — l'éthique use spécialement de la méthode subjective et de la forme de déduction
la plus propre à la construction directe.

Le premier problème qu'elle aborde, et le
principal, est, comme nous l'avons dit, la
théorie de l'âme, en prenant ce mot au sens
positif, c'est-à-dire comme une expression gé-

1. *Catéchisme positiviste.*
2. Voir page 177 et suivantes le résumé de la théorie
du cerveau.

nérale désignant l'ensemble de nos facultés
mentales et morales.

Elle étudie donc d'abord les fonctions simples du cerveau; puis ses fonctions composées,
c'est-à-dire l'association de plusieurs facultés
élémentaires, dont la résultante produit le plus
habituellement les mobiles réels de la conduite
de l'homme.

Les fonctions simples sont, les premières,
relatives à l'égoïsme direct et fondamental :
instinct nutritif, instinct sexuel, instinct maternel ou éducateur, instinct destructeur ou
militaire, instinct constructeur ou industriel ;
et à l'égoïsme indirect : la vanité et l'orgueil;
ensuite à l'altruisme : attachement, vénération, bonté. — Les secondes concernent l'intelligence : contemplation concrète ou observation des êtres, contemplation abstraite ou
observation des propriétés, des événements
particuliers aux êtres, méditation inductive et
méditation déductive, expression. — Les troi-
sièmes enfin sont propres au caractère, à l'activité : courage, prudence, fermeté ou persévérance. — La morale fixe et reprend, d'après
la biologie, la nature propre de chacune de
ces catégories de facultés élémentaires ; elle
étudie ensuite chaque faculté séparément; elle
constate le genre de perfectionnement qui résulte, pour chacune, de son exercice; enfin
elle compare l'évolution particulière au sentiment, à l'intelligence et à l'activité, chez l'individu et dans l'espèce.

Quant aux fonctions composées du cerveau,

celles qui sont le plus souvent et le plus directement appréciables dans la conduite humaine et qui déterminent immédiatement nos actes , elles résultent soit du concours de facultés simples d'un même groupe, comme la vanité et l'instinct destructeur pour former l'*envie*, ou de l'observation abstraite, de la méditation et de l'expression pour concourir au *jugement*, etc.; ou bien de la combinaison des facultés élémentaires propres aux divers groupes affectif, intellectuel et actif, par exemple la composition des fonctions de l'égoïsme avec celles de l'altruisme et du caractère, ou de l'intelligence avec l'égoïsme. l'altruisme et le caractère, lorsque les travaux de l'esprit sont inspirés par l'intérêt personnel ou par le sentiment social, précipités et soutenus par le courage ou la persévérance, etc.

De même que pour les facultés élémentaires, la morale établit du reste les conditions cosmologiques et physiologiques d'exercice, d'évolution et de perfectionnement de ces diverses combinaisons mentales et morales , de manière à fixer avec certitude les états généraux du sentiment, de l'intelligence et du caractère, ou les différents types psychiques propres à la nature humaine.

C'est alors seulement que la nouvelle éthique aborde la théorie générale de la réaction du cerveau et des éléments de son action : étude de la *sensation*, sensibilité proprement dite, musculation, calorition, électrition, olfaction, gustation, audition et vision ; exercice, évolution et perfectionnement des sens ; étude de l'*innervation*, motrice et végétative (théorie de la moelle épinière et du nerf grand sympathique) ; étude de l'harmonie entre la sensation, les fonctions intérieures du cerveau et l'innervation (action réflexe) ; *réaction végétative* de l'homme sur lui-même (rapports du moral et du physique ; réaction de l'homme sur le monde extérieur ; réaction de l'homme sur l'homme. — Théorie des *utopies* morales.

Aussitôt après, par la théorie des êtres collectifs : famille, patrie, Humanité, et des devoirs qu'ils comportent, l'éthique prépare la grande étude de l'*unité* de la nature humaine, cependant formée d'éléments différents et même divergents.

C'est là en effet qu'est le nœud essentiel de l'explication synthétique de l'homme, de la conception positive de son indivisibilité, comprenant l'étude de la connexion de toutes ses parties et de toutes ses fonctions ainsi que leur continuité.

La notion de l'unité du *moi* s'établit d'après la prépondérance spontanée du cœur sur l'esprit et de l'altruisme sur l'égoïsme, comme d'après certaines constatations intellectuelles intimes sur la succession et l'indivisibilité des divers états de l'être dans ses conditions physiques et morales, relativement à la personne, à l'espèce, et quant au monde extérieur.

De là la théorie vitale complète, condensée dans la notion positive de l'existence, de la santé et de la maladie, dans celle de la personnalité, de la sociabilité et de la moralité, de la raison (abstraite et concrète), enfin de l'activité pratique (militaire ou industrielle, philosophique et poétique); la conclusion suprême de la morale positive, ou de la connaissance de l'homme individuel, se résumant dans la théorie générale de la religion, ou synthèse universelle, c'est-à-dire du ralliement intérieur et extérieur de l'homme, lié en lui-même et relié au monde et à l'Humanité par la foi démontrable, ou par la conviction scientifique.

Morale pratique. — Quant à la morale pratique, fixée par l'ensemble des connaissances que nous avons précédemment résumées, elle repose toute entière sur la conception positive du *devoir*, établie, en dehors de toute influence surnaturelle quelconque, théologique ou métaphysique, sur des notions sociologiques et morales démontrées et toujours démontrables; sur le témoignage de la conscience traduit surtout par le remords, sur l'action de l'opinion publique (estime et blâme), et, comme sanction dernière et de plus en plus objective, d'après un système de pénalité correspondant.

L'objet propre de la morale pratique est de préparer l'homme à respecter et suivre les prescriptions de la morale théorique d'après un système d'éducation qui commence à la conception de l'enfant dans le sein maternel et qui finit à la mort du vieillard. Morale personnelle, morale domestique, morale sociale,

ces trois aspects du devoir lui sont enseignés
suivant les âges, première et seconde enfance, adolescence, jeunesse, maturité et vieil-
lesse, de manière qu'il ait dans toutes les
circonstances et à toutes les époques de sa
vie, dans toutes les situations et professions,
publiques ou privées, qu'il peut occuper, toujours présente à l'esprit la règle du bien qu'il
doit faire et du mal qu'il doit éviter, envers
lui-même, envers la famille, envers la patrie
et envers l'Humanité.

Ne pouvant, faute d'espace, nous étendre
plus longuement sur cet objet cependant si
essentiel, nous nous contenterons de rappeler
que non seulement le Positivisme développe
ici et consolide plus que ne l'a jamais fait aucune doctrine le système des devoirs privés,
mais qu'il introduit toute une série de devoirs
nouveaux, relatifs à la vie publique, une *morale sociale* qui a directement trait au rétablis-
sement de l'harmonie dans le monde par la
conciliation définitive de l'ordre et du progrès
et par le concours volontaire et la libre subordination de la personnalité humaine au
bien public[1].

1. Voir le programme du cours de *Morale théorique*
et du cours de *Morale pratique* de M. Pierre Laffitte.

TROISIÈME PARTIE

CONCLUSION SOCIALE

1° *Résumé de la Philosophie positive.* — La philosophie positive, ou philosophie des sciences, est la conception réelle du monde et de l'homme. Par l'observation, l'expérimentation et le raisonnement inductif et déductif, d'après une double marche objective et subjective, c'est-à-dire en s'élevant du monde à l'homme ou en redescendant de l'homme au monde, elle comprend dans son investigation tout ce qu'il y a de réel, matérialité, vitalité, socialité, et aboutit en effet, par l'analyse et par la synthèse, à la connaissance universelle.

2° *Notion synthétique de l'Humanité.* — Mais une conception maîtresse se dégage du spectacle immense que nous présente cette contemplation des phénomènes et des êtres : celle de l'Humanité, qui apparaît enfin, par la puissante évocation du fondateur du Positivisme, comme le plus grand de tous les êtres réels, ou, suivant une expression profondément méditée, comme le *Grand-Etre* dont l'avènement définitif doit fermer le cycle de l'ancienne mentalité : *extinctis diis, deoque successit Humanitas* [1].

Nous ne pouvons qu'ébaucher ici cette notion décisive, résultat suprême de l'observation scientifique appliquée à l'ensemble des choses.

Spontanément ébauchée par la concordance de trois aperçus isolés respectivement dus à des penseurs du premier ordre, Pascal, Leibnitz et Condorcet, et qui indiquent successivement la convergence des efforts du passé, la dépendance de l'avenir envers le passé, enfin l'unité des contemporains, cette grande conception fut systématiquement instituée par Auguste Comte d'après sa découverte fondamentale des lois de l'évolution sociale.

Il définit d'abord le Grand-Etre l'ensemble des humains, passés, futurs et présents, ce qui établit l'unité, l'éternité et l'immensité du grand organisme. Mais le mot *ensemble* annonce que l'Humanité ne comprend pas indistinctement tous les hommes, mais seulement ceux qui peuvent figurer dans une telle collection, d'après leur coopération à l'existence commune. Bien que tous naissent enfants de l'Humanité, tous ne deviennent point ses agents, ses serviteurs; un trop grand nombre restant toujours à l'état de parasites inutiles ou

1. Pour cette théorie de l'Humanité, voy. Comte, *Système de politique positive*, t. II, et *Catéchisme positiviste*. 1er entretien; *Synthèse subjective*, introduction.

de réfractaires nuisibles : ce sont les oisifs, honte et fardeau de notre espèce, ou les criminels habituels, qui tendent constamment à la troubler et qui n'en font réellement pas partie. Au contraire, il faut y adjoindre les espèces d'animaux sociables qui lui sont d'un si puissant secours et qui rendent à l'homme des services volontaires dont il ne saurait se passer.

Toute libre coopération habituelle à l'accomplissement des destinées humaines érige en effet l'être correspondant en élément réel de cette existence composée et lui donne un degré d'importance proportionné à la dignité de son espèce et à son efficacité individuelle. C'est pourquoi Auguste Comte a finalement défini l'Humanité : *l'ensemble continu des êtres convergents.*

Ce vaste organisme est doué d'une activité spontanée, entretenue seulement et limitée aussi par l'action du monde extérieur, mais n'en résultant aucunement, nous l'avons vu, et s'exerçant d'après des lois qui lui sont propres. L'Humanité vit et se développe donc par elle-même, sans autre influence que celle du milieu qui l'entoure et des aptitudes qui lui sont particulières. Son évolution dépend de son organisation exclusivement, de son mode de vitalité, et des conditions cosmologiques où elle est placée, sans aucune autre intervention extérieure et surnaturelle. Le Grand-Etre d'une part, et d'autre part la Terre, qui lui sert à la fois de théâtre, d'aliment et de régulateur, avec l'espace où celle-ci se meut, tels sont les éléments réels du grand problème de notre destinée, les seuls objets accessibles à nos affections, à nos recherches et à notre action.

L'élément fondamental de ce grand organisme est, comme nous l'avons déjà dit, la *famille;* l'homme isolé ne représente qu'un animal, ou une abstraction irréalisable, dont l'Humanité ne saurait résulter. Elle ne peut provenir que d'êtres homogènes, *collectifs* par conséquent, dont la famille forme le type le plus simple. C'est la réunion des familles qui engendre successivement la cité, la patrie et enfin l'Humanité. Dans l'association civique, type collectif plus complexe et plus élevé que le groupement domestique, les classes représentent les divers organes qui exécutent les fonctions nécessaires à la conservation et au développement du Grand-Etre ; mais ce n'est que par l'association religieuse que celui-ci peut arriver à une complète unité, parce qu'alors les plus hautes préoccupations assurent une harmonie qui n'était jusque-là déterminée que par le concours actif nécessaire à la satisfaction de besoins moins généraux et moins élevés.

Quand on cherche à se représenter l'Humanité, l'attention se porte d'abord sur ses organes actuels, sur le concours des générations présentes, sur la solidarité des contemporains en un mot, bien plus que sur la continuité des prédécesseurs. Cependant celle-ci est

nécessairement et naturellement prépondérante, puisque l'essor social, la marche de la
civilisation, ne tardent guère à dépendre davantage des services accumulés dans le temps,
ou d'âge en âge, par les générations successives, que des efforts exercés dans l'espace, à
la surface de la Terre, par les familles coexis-
tantes. Quiconque réfléchit sur ce qu'il doit
aux autres peut se convaincre aisément qu'il
a davantage reçu des prédécesseurs que des
contemporains.

Il en résulte que la coopération efficace et
permanente à l'amélioration de la situation
humaine provient beaucoup plus de la continuité que de la solidarité, et que la série
des ancêtres l'emporte de plus en plus, à ce
point de vue, sur la masse des contemporains.
D'où cette loi fondamentale de l'ordre social :
*Les vivants sont de plus en plus gouvernés
par les morts, qui représentent la meilleure
portion de l'Humanité.*

Chaque homme digne de ce nom, chaque
vrai serviteur de l'Humanité possède, en réalité, deux existences successives : l'une, qui
constitue la vie proprement dite, sa durée corporelle et temporaire, objective et directe
(c'est-à-dire pendant qu'il est, en chair et en
os, en rapport continu avec ses semblables) ;
l'autre qui ne commence qu'après la mort,
permanente, définitive et indirecte (c'est-à-
dire qu'il ne peut plus la modifier, puisqu'elle
s'accomplit dans le souvenir des survivants).
La première doit être qualifiée d'*objective*;

la seconde, qui provient des résultats accomplis pendant la vie réelle et qui ne se développe que dans l'esprit et le cœur par la
tradition ou le souvenir de ces résultats eux-
mêmes, mérite le nom de *subjective*.

Celle-ci constitue la seule immortalité réelle
de l'homme, sa perpétuité relative étant subordonnée à l'importance des services qu'il a
rendus et à la grandeur des impressions qu'il
a laissées après lui.

Ainsi, la vie objective ou corporelle d'Ho-
mère, d'Aristote, d'Archimède, de Thémistocle,
de Scipion, de César, de saint Paul, de saint
Bernard, de Charlemagne, de saint Louis, du
Dante, etc., fut limitée à un point bien restreint
de l'espace et du temps, tandis que leur vie
subjective, incorporelle et permanente s'étend
indéfiniment dans ces deux sens, d'après l'influence croissante de leurs œuvres ou de leur
apport à la. civilisation, et constitue une immortalité aussi réelle qu'immatérielle.

Telle est la noble perpétuité que le Positivisme reconnait à l'âme humaine, c'est-à-dire
à l'ensemble des facultés morales, intellectuelles et pratiques qui caractérisent l'homme.
De là aussi le but de notre vie, sa règle, sa
destination, qui consistent à vivre d'abord
objectivement pour autrui, afin de vivre ensuite subjectivement dans autrui et par autrui, ou, d'une manière plus générale, à connaître, aimer et servir l'Humanité.

La population humaine se compose donc, en
réalité, de deux masses distinctes, dont la pro-

portion varie sans cesse d'après la prépondérance croissante des morts sur les vivants. Dès lors, si dans toute opération réelle et importante l'action et le résultat dépendent nécessairement des derniers, ou de l'élément objectif, l'impulsion, les moyens et la règle émanent surtout des premiers, ou de l'élément subjectif.

La continuité sociale, ou la vie de l'Humanité doit donc se comprendre de la manière suivante : les contemporains, le *public* ou la population objective, libéralement dotés par les prédécesseurs, par la *priorité* ou premier élément de la population subjective, transmettent gratuitement aux successeurs, à la *postérité* ou second élément de la population subjective, l'ensemble du domaine humain, les accumulations matérielles, les acquisitions intellectuelles et morales, les institutions politiques, sociales et religieuses, mais en y ajoutant de moins en moins, en proportion de ce qu'ils reçoivent.

Cependant, quoique l'Humanité constitue toujours envers un serviteur isolé, envers le producteur matériel, intellectuel, moral (homme ou femme, cela va sans dire), le principal moteur d'une opération quelconque, elle ne peut cependant jamais agir que par des organes individuels.

C'est pourquoi les vivants, malgré leur subordination croissante envers les morts, restent indispensables à leur action. Or, en analysant cette participation collective des contemporains, du public, à l'élaboration sociale, on la voit résulter définitivement d'un libre concours d'efforts purement individuels. De sorte que, finalement, le développement et même la conservation du Grand-Etre dépendent des libres services de l'ensemble de ses serviteurs et de ses enfants, quoique l'inaction de chacun d'eux considérée isolément soit ordinairement susceptible de compensation.

La solidarité est donc, avec la continuité, mais à un moindre degré, la condition fondamentale de l'existence et du développement de l'Humanité.

Que la continuité vienne à se rompre, et le Grand-Etre n'existe plus ; que la solidarité s'affaiblisse et son évolution s'arrête, ses progrès et sa conservation même sont menacés.

On sent dès lors toute l'importance du maintien de ces deux états corrélatifs, pour assurer la perpétuité de la grande existence. On sent toute l'importance de l'harmonie publique et de la coopération individuelle, la nécessité du respect du passé et de la coopération actuelle, puisque la rupture de la filiation et la cessation du concours pourraient détruire le Grand-Etre indispensable à chacun de nous. Car, toujours fondée sur une libre association de volontés indépendantes, son existence composée tend à se dissoudre dès que la discorde s'établit entre ses organes objectifs ou directs, c'est-à-dire entre les vivants.

Cette nécessité fondamentale de l'harmonie

sociale impose donc absolument la prépondérance universelle et continue du cœur sur
l'intelligence et l'activité, de la sociabilité sur
la personnalité, de l'altruisme sur l'égoïsme,
de la vénération sur l'orgueil qui engendre
l'insubordination, et présente l'amour comme
la condition première de la permanence et du
perfectionnement de notre espèce.

En résumé, l'Humanité est un être réel,
dont la nature composée fit longtemps mé-
connaître l'existence aujourd'hui scientifiquement démontrée.

C'est le seul vrai Grand-Etre, le seul véritable Etre-suprême! immense, puisqu'il couvre
le monde ; éternel, puisqu'il embrasse à la
fois le passé, le présent et l'avenir ; tout-puissant, parce qu'aucune action intelligente ne
peut se comparer à la sienne.

C'est de l'Humanité surtout que dépendent
nos destinées : c'est elle qui nous protège
contre les fatalités extérieures de notre situation et contre les imperfections intérieures de
notre nature, qui nous défend contre le mal
physique, qui nous fortifie contre le mal moral. C'est elle qui diminue pour nous, par son
industrie séculaire, le poids des servitudes
naturelles et qui en adoucit l'amertume, même
envers la plus inexorable et la plus cruelle, la
mort ! C'est elle dont l'action tutélaire et in-
fatigable, unique providence de notre Terre,
nous éleva graduellement des misères de l'animalité aux charmes et à la grandeur de la vie
sociale.

En elle est notre appui, en elle est notre force et notre dignité, en elle notre espérance et notre consolation.

Elle est la raison de notre conduite., du devoir, la condition de notre bonheur, et le salut du monde est au prix de son avènement.

3º *La Philosophie positive est l'introduction nécessaire à la Politique positive et à la religion de l'Humanité.* — Ici s'arrête la tâche que nous avions assumée ; si faiblement que nous l'ayons remplie, peut-être aurons-nous fait pressentir à nos lecteurs qu'une création aussi vaste ne peut être qu'un simple jeu d'esprit.

Si toute action rationnelle suppose une théorie préalable, c'est-à-dire une connaissance exacte de l'opération à effectuer, une vue nette du but à atteindre et des moyens d'y parvenir, réciproquement, une théorie scientifique du monde et de l'homme appelle une politique correspondante, une réorganisation des institutions, corrélative à la refonte des opinions et des mœurs. C'est cette construction définitive qu'a entreprise le fondateur de la religion de l'Humanité, dans son *Système de politique positive.*

FIN.

ANNEXE

INTRODUCTION

(2 leçons.)

PREMIÈRE LEÇON

BUT, POSITION ENCYCLOPÉDIQUE ET PLAN DE LA SOCIOLOGIE

I. — *But de la sociologie.*

1. Définition de la sociologie. — De la notion précise de loi. — Deux sortes de lois : lois de succession, lois de similitude. — De deux notions fondamentales en sociologie, celle de *consensus* et celle d'évolution. — 2. De la notion de *consensus.* — 3. Des antécédents de la notion de *consensus* dans les divers degrés de la hiérarchie encyclopédique. — 4. Des notions de succession, d'évolution et de progrès en sociologie. — 5. Préparation de l'avènement de l'esprit positif en sociologie depuis l'antiquité jusqu'à Montesquieu (Bossuet). — 6. Montesquieu, Turgot, les Économistes. — 7. Fondation de la sociologie positive par Auguste Comte.

II. — *Des caractères que l'esprit positif imprime à la sociologie.*

1. Nécessité d'étudier, par comparaison avec la théologie et la métaphysique, les caractères

---

1. Extrait du Programme des 378 leçons qui, d'après Auguste Comte, doivent constituer l'Enseignement abstrait.

principaux que l'esprit positif imprime aux études sociologiques. — 2. Subordination de l'imagination à l'observation. — 3 Substitution du relatif à l'absolu. — 4. Nécessité de concevoir d'une manière générale la corrélation des travaux sociologiques avec l'art politique. — 5. De la notion de la modificabilité dans les phénomènes sociaux. — 6. De la légitimité dans les mêmes phénomènes. — 7. Du caractère fondamental que la sociologie imprime à l'art politique, et du perfectionnement que cette corrélation apporte aux recherches sociologiques.

III. — *Position encyclopédique et plan de la sociologie.*

1. Nécessité de l'étude de la cosmologie pour pouvoir établir scientifiquement la sociologie. — 2. Nécessité logique et scientifique de l'étude de la biologie pour étudier la sociologie. — 3. Que la sociologie prépare la morale. — 4. Décomposition de la sociologie en *statique socia e* et *dynamique sociale.* — 5. Du vrai caractère d la statique sociale et des recherches distinctes dont elle se compose. — 6. Du vrai caractère de la dynamique sociale et des recherches dont elle se compose. — 7. Plan de la sociologie.

DEUXIÈME LEÇON

DE LA MÉTHODE EN SOCIOLOGIE.

I. — *Des procédés d'investigation employés en sociologie, qui sont empruntés aux sciences précédentes, dans la hiérarchie encyclopédique.*

1. La méthode, en sociologie, est dominée par la prépondérance de l'esprit d'ensemble sur l'esprit de détail. Ses procédés, outre celui qui lui est

spécialement propre, sont empruntés ou aux sciences qui lui sont antérieures dans la hiérarchie encyclopédique, ou à celle qui lui est postérieure, la morale. — 2. De l'observation en général. — 3. De l'observation en sociologie. — 4. De l'expérimentation en général. — 5. De l'expérimentation en sociologie. — 6. De la comparaison en général. — 7. De la comparaison en sociologie.

II. — *De la filiation, procédé propre de méthode, en sociologie.*

1. Conception générale de la méthode par filiation ou méthode historique. — 2. De la notion précise de *limite*, en sociologie dynamique. — 3. Des sophismes produits par une fausse notion de la *limite* et par une application insuffisante de la méthode par filiation. — 4. Emploi spontané de cette méthode par Lagrange. — Antécédents spontanés. — 5. Constitution définitive de la méthode par filiation, en sociologie. — 6. Précautions indispensables dans l'emploi de ce procédé. — 7. Applications.

III. — *De la méthode subjective.*

1. Destination de la méthode subjective. — 2. Des fonctions cérébrales qui interviennent essentiellement dans l'application de la méthode subjective. — 3. Fonctionnement de la méthode subjective. — Des constructions. — 4. Réfutation des critiques de M. Littré. — 5. Historique des efforts successifs d'Auguste Comte dans la fondation de la méthode subjective. — 6-7. Application de la méthode subjective à la sociologie.

STATIQUE SOCIALE

(6 leçons)

TROISIÈME LEÇON

THÉORIE DE LA PROPRIÉTÉ

I. — *Position du problème humain.*

1. De la propriété et du problème de l'activité
économique, dont elle est la base. — De l'esprit
général, à la fois *abstrait* et *d'ensemble*, d'après
lequel le Positivisme traite le problème économique. — 2. Des diverses manières dont le problème de la propriété et de l'activité matérielle a
été traité par les légistes, les économistes et les
historiens. — 3. Des procédés d'investigation
dans une telle étude, et de l'emploi de l'observation, de l'expérimentation, de la comparaison,
de la filiation et de la méthode subjective. —
4. De la relation du problème de la propriété
et de celui de l'activité économique en général,
avec l'ensemble du problème humain. — 5. De
la solution hypothétique du problème humain.
— 6. Des éléments fondamentaux (spécialement
le *capital* et l'*appropriation*) de toute activité matérielle. — 7. La solution générale du problème
tient à la possibilité de transformer le caractère
personnel de l'activité, en lui donnant le caractère social.

II. — *Lois de la formation du capital.*

1. Conception générale et abstraite du capital.
— 2. Première loi ou loi subjective : l'homme
produit plus qu'il ne consomme. — 3. Seconde
loi ou loi objective : tout produit peut durer
plus de temps qu'il n'en faut pour le produire.

— 4. Des trois phases successives de tout travail
matériel : production, conservation, transmission.
— 5. Théorie de la production. — 6. Théorie de
la conservation. — 7. Théorie de la transmission.

III. — *Des lois de l'équilibre et du mouvement économique.*

1. De l'équilibre économique. — 2. Du mouvement économique, et à quel titre il doit être
apprécié dans la statique sociale. — 3. Des lois
de l'équilibre économique. — 4. Des *systèmes*
multiples formés sur la surface de la planète, de
leur indépendance et de leurs relations transi-
toires. — 5. Des deux conditions fondamentales
de la solution finale du problème de l'activité :
concours et indépendance. — 6. Vue générale
de la solution finale ou construction de la *limite*
idéale. — 7. Transition de la théorie de la propriété à celle de la famille.

QUATRIÈME LEÇON

THÉORIE DE LA FAMILLE

I. — *Position du problème.*

1. De la conception générale de la famille. —
2. De la famille animale. — 3. Des points de vue
sous lesquels a été traitée jusqu'ici la théorie de
la famille. — 4. Du point de vue positiviste dans
la théorie de la famille. — 5. Des moyens d'investigation propres à instituer une théorie positive de la famille. — 6. Du point de vue propre
à la statique sociale dans la question de la famille. — 7. Plan de la théorie positiviste.

II. — *Théorie abstraite de la famille.*

1. De la famille considérée comme élément de
toute société. — 2-3. Théorie morale de la famille.

| Théorie politique de la famille. | 4. Fonctions qui instituent la famille. — 5. Fonctions qui perpétuent la famille. — 6. Fonctions qui lient la famille à la société générale. |

7. De la domesticité.

III. — *Conception générale de l'évolution de la famille.*

1. Conception synthétique de la famille comme étant destinée à organiser l'action de la femme sur l'homme. — 2. De la corrélation de la famille avec l'ensemble du problème humain. — 3. De la société considérée comme agent modificateur déterminant l'évolution de la famille. — 4. Influence de l'évolution mentale sur la famille. — 5. Influence de l'évolution pratique sur la famille. — 6-7. Des institutions artificielles par lesquelles on a modifié et perfectionné la famille.

CINQUIÈME LEÇON

THÉORIE DU LANGAGE

I. — *Position du problème.*

| Institution du langage. | 1. Du langage. — De la nature du signe. — 2. Des divers *signes*, suivant les sens auxquels ils s'adressent. — 3. Du langage *animal* et du langage *humain*. |

4. De la corrélation du langage avec les autres institutions qui constituent l'ensemble de la vie humaine vraiment coordonnée. — 5. Des diverses théories qui ont surgi quant au langage. — 6. Des recherches modernes de la philologie. — 7. Des divers modes d'investigation positive propres à la théorie du langage.

II. — *De la constitution du langage.*

1. Du langage visuel ou de la *mimique*. — 2. De l'art de la sculpture. — 3. De l'art de la peinture. — 4. De l'art du comédien. — 5. Du langage phonétique. — Musique. — 6. De la poésie. — De la prose. — 7. De l'écriture.

III. — *Destination du langage.*

1. Destination affective du langage. — 2. Sa destination intellectuelle. — 3. Sa destination collective. — 4. Influence générale de la société dans la construction et la conservation du langage. — 5. Rôle du sacerdoce quant au langage. — 6. Principe général de l'évolution du langage. — 7. Conception de l'état final du langage.

SIXIÈME LEÇON

THÉORIE POSITIVE DE L'ORGANISATION SOCIALE

I. — *Théorie des forces sociales.*

1. De la conception de la force sociale. — 2. Analyse du premier élément de toute force sociale : influence matérielle. — 3. Analyse du second élément de toute force sociale : influence intellectuelle. — 4. Analyse du troisième élément de toute force sociale : influence morale. — 5. Des trois forces sociales et de leur classement. — 6. De la corrélation entre l'organisme social et le milieu ambiant. — 7. De la corrélation entre l'analyse de l'organisme social et l'analyse de l'organisme anatomique en biologie.

II. — *Théorie du gouvernement.*

1. Principe d'Aristote. — Son complément. — De la continuité historique. — 2. Conception générale de la société d'après ce principe. — 3. Théorie générale du gouvernement. — 4. Avènement

spontané du gouvernement par celui des forces sociales prépondérantes : principe de Hobbes. — 5. De la nécessité d'un régulateur. — 6. Des procédés spontanément employés pour l'établir. — 7. Considérations générales sur les diverses théories relatives à la société et au gouvernement.

III — *Théorie du pouvoir spirituel.*

1. De l'avènement de l'*Église* comme complément nécessaire des cités. — 2. Comment le pouvoir modérateur ou régulateur surgit de l'avènement de l'*Église*. — 3. Du sacerdoce. — 4. Des fonctions du sacerdoce. — 5. Comparaison du sacerdoce avec le pouvoir temporel. — 6. Organisation finale de l'Humanité, consistant en cités distinctes ralliées par l'Église. — 7. Des diverses théories relatives à la division des deux pouvoirs.

SEPTIÈME LEÇON

THÉORIE POSITIVE DE L'EXISTENCE SOCIALE

I. — *Position de la question.*

1. De la notion générale d'*existence* conçue comme intermédiaire entre la notion de *structure* et celle de *développement*. — 2. De la notion d'existence dans l'ordre social. — 3. Du caractère fondamental de l'organisme social à l'état adulte. — 4. Des antécédents historiques de cet état adulte. — 5. Du classement des trois sortes de sociétés. — 6. Conception historique de ce classement. — 7. Liaison de la théorie de l'existence avec celle de la structure.

II. — *Théorie des lois générales de l'existence sociale.*

1. Du vrai caractère de la théorie de l'existence sociale. — 2. Nature de la doctrine universelle par laquelle le sacerdoce systématise l'exis-

tence sociale. — 3. De la double subordination
envers le monde et le passé de l'Human té, qui
sert de base à la doctrine sacerdotale. — 4. Des
quatre éléments ou *providences* qui constituent
l'existence sociale. — 5. Systématisation de l'existence morale et de l'existence intellectuelle. —
6. Systématisation générale de l'existence civique
ou matérielle. — 7. Coordination spéciale de
l'existence matérielle.

III. — *Théorie de la stabilité de l'équilibre de l'existence sociale.*

1. Conception générale de la stabilité d'équilibre de l'existence sociale ; sa conciliation avec
le mouvement. — 2. Stabilité spontanée de l'existence sociale à l'état adulte. — Comparaison avec
l'état préliminaire. — 3. Méthode générale par
laquelle le sacerdoce maintient la stabilité d'équilibre de l'existence sociale. — 4. De la légalité ou
législation proprement dite. — 5. De la législation politique et civile. — 6. De la législation cri-
minelle. — 7. Examen des diverses théories relatives à l'existence sociale. — Des recherches spéciales qu'il faut entreprendre.

HUITIÈME LEÇON

THÉORIE POSITIVE DES LIMITES GÉNÉRALES DE VARIATION PROPRES A L'ORDRE HUMAIN

I. — *Théorie générale de la modificabilité.*

1. Situation naturelle de cette théorie entre
celle de l'ordre et celle du progrès. — 2. De la
conception générale de l'état normal ou état
moyen. — 3. De l'importance et de la nécessité
de la considération de l'état moyen. — 4. Appréciation de l'état moyen dans les divers degrés de
la hiérarchie scientifique. — 5. De la conception

philosophique des variations ou modifications, d'après celle de l'état moyen. — 6. De l'état anormal ou des variations dépassant certaines limites. — 7. Principe général (principe de Broussais) d'après lequel s'établit la subordination de l'état anomal à l'état normal.

II. — *De la modificabilité cosmologique.*

1. De la modificabilité spontanée et de la modificabilité artificielle. — 2. De la loi de la modificabilité suivant la complication croissante des phénomènes. — 3. Des deux sortes de modifications, *directes* ou *indirectes*. — De la hiérarchie de la modificabilité. — 4. De la modificabilité de l'ordre social. — 5. De la conception du milieu sociologique et des éléments qui le composent. — 6. Des théories faites jusqu'ici sur le milieu sociologique (Hippocrate, Montesquieu). — Théorie positive. — 7. De l'influence du milieu sociologique sur la durée de la vie humaine et sur la condensation de la population; influence modificatrice.

III. — *De la modificabilité sociologique* (Biologie, Sociologie, Morale).

1. Conception générale de la modificabilité sociologique. — 2. De la modificabilité sociologique due à l'ordre vital ou théorie sociale de la *race*. — 3. De l'irrationalité des théories métaphysiques sur ce sujet et des dangers qui leur sont propres. — 4. De la modificabilité sociologique émanant de l'ordre social lui-même. — 5. Conception générale de la modificabilité sociologique émanant de l'ordre, individuel. — 6. De la notion de système et de force extérieure. — Application au cas social. — 7. Loi générale sur la marche continue des variations que comportent les divers ordres de modificabilité.

DYNAMIQUE SOCIALE

(11 leçons)

NEUVIÈME LEÇON

CONCEPTION GÉNÉRALE DE LA DYNAMIQUE SOCIALE

I. — *Conception générale de la dynamique sociale.*

1. De la conception du mouvement d'un système d'après la dynamique. — 2. Caractère général du mouvement ou *développement,* en dynamique sociale. — 3. De la notion spéciale du *progrès* et de la théorie historique de cette notion. — 4. De la subordination de la dynamique à la statique. — 5. Nécessité de subordonner l'étude du mouvement social à celle des lois abstraites relatives aux divers aspects de la nature humaine. — 6. Loi d'évolution mentale, et comment elle caractérise le mouvement social. — 7. Lois d'évolution de l'activité et du sentiment.

II. — *Conception abstraite des divers états d'un organisme social.*

1. Conception abstraite du développement d'un organisme social. — 2. Conception générale d'un ensemble d'organismes sociaux. — Nécessité d'une telle conception, tant au point de vue théorique qu'au point de vue pratique. — 3. Que cette conception repose sur la combinaison des lois élémentaires de l'intelligence, de l'activité et du sentiment. — Nécessité de principes directs pour trouver le *mouvement* d'un *système.* — Difficulté de ces recherches. — 4. De la nécessité d'inductions directes pour suppléer à l'imperfection déductive. — 5. Nature et nécessité des lois spéciales relatives à des phénomènes composés de l'organisme social (lois du mouvement de l'*in-*

térêt, du *salaire,* des *subsistances*). — 6. Conception systématique des lois relatives aux divers états d'un organisme social. — 7. Examen des diverses théories émises sur ce sujet (Condorçet, Montesquieu, Guizot, etc., etc.).

III. — *Plan de la dynamique sociale.*

1. Nécessité théorique et pratique de réduire la dynamique sociale à l'*étude abstraite* des états successifs des organismes sociaux effectifs. — 2. De l'existence d'un état commun à tous les organismes sociaux quelconques, ou âge *fétichique.* — 3. Importance capitale de cette distinction. — 4. Que l'état théologique constitue une crise dans l'évolution sociale. — 5. De la phase commune et fondamentale de l'état théologique ou phase théocratique. — 6. Nécessité d'étudier spécialement l'évolution occidentale. — Inconvénients d'une rationalité exagérée. — 7. Phases de l'évolution occidentale. De leur enchaînement nécessaire. — Plan des leçons propres à la dynamique sociale.

DIXIÈME LEÇON

THÉORIE DE L'AGE FÉTICHIQUE

I. — *Des propriétés du fétichisme.*

1. Supériorité intellectuelle, logique et scientifique du fétichisme sur le théologisme. — 2. Aptitude du fétichisme pour l'observation concrète. — 3. Inaptitude abstraite du fétichisme. Ses conséquences. — 4. Aptitude esthétique du fétichisme. — 5. Son aptitude pratique. — 6. Son aptitude affective. — 7. Décomposition du fétichisme et fétichisme proprement dit et en astrolâtrie.

II. — *Des résultats de l'état fétichique.*

1. Du caractère général des résultats de l'état
fétichique. — 2. Résultats philosophiques de l'état
fétichique. — 3. Ses résultats scientifiques. —
4. Ses résultats esthétiques. — 5. Ses résultats
pratiques. — 6. Ses résultats sociaux. — 7. Passage de l'état nomade à l'état sédentaire.

III. — *Situation planétaire du fétichisme.*

1. Vues générales sur la théorie des transitions. — 2. De l'état fétichique dans le passé. —
3. De la Chine. — 4. Du fétichisme en Afrique et
en Océanie. — 5. Du fétichisme en Orient (Inde
et monde islamique). — 6. Du fétichisme en Occident. — 7. Bases de la politique positiviste à
l'égard du fétichisme.

ONZIÈME LEÇON

THÉORIE DE L'ÉTAT THÉOCRATIQUE

I. — *De l'avènement du polythéisme.*

1. De l'avènement du polythéisme considéré au
point de vue mental. — 2. Conditions sociales de
l'avènement du polythéisme. — 3. Réaction du
fétichisme proprement dit et de l'astrolâtrie sur
le théologisme. — 4. Propriétés philosophiques
et scientifiques du polythéisme. — 5. Ses propriétés esthétiques. — 6. Ses propriétés pratiques. —
7. Ses propriétés affectives et sociales.

II. — *De l'état théocratique ou polythéisme conservateur.*

1. Des caractères fondamentaux du régime
théocratique et de la destination de ce régime.
— 2. Des conditions cosmologiques qui ont permis l'établissement et la durée de ce régime. —
3. Résultats philosophiques du régime théocratique. — 4. Ses résultats scientifiques. — 5. Ses

résultats esthétiques. — 6. Ses résultats pratiques. — 7. Ses résultats moraux et sociaux.

III. — *Considérations générales sur l'ensemble des diverses*
théocraties.

1. Des diverses combinaisons qui rendent possibles divers états théocratiques. — 2. Vue générale de la théocratie égyptienne. — 3. Des théocraties de l'Asie moyenne et de la théocratie judaïque.
— 4. De la théocratie indoue. — 5. De la théocratie
islamique. — 6. Des théocraties qui ont précédé le
régime militaire. — 7. Situation actuelle.

DOUZIÈME LEÇON.

THÉORIE DE L'ÉVOLUTION GRECQUE

I. — *Considérations générales sur la nécessité d'une*
transition entre la théocratie et la sociocratie.

1. De l'existence d'une transition entre la théocratie et la sociocratie, et des caractères généraux de cette transition. — 2. Que la préparation
de l'état normal n'a pas appartenu et ne pouvait appartenir aux populations théocratiques. —
3. Que la préparation de l'état normal a dû appartenir et a appartenu en fait à des populations
militaires. — 4. Que toutes les populations militaires n'ont pas été propres à cet office, et que
deux populations distinctes ont été nécessaires à
cette préparation. — De ces deux populations. —
5. Nécessité d'une troisième évolution prépara-
toire ou évolution affective. — 6. Nécessité d'une
transition purement révolutionnaire. — 7. Tableau général de la transition occidentale.

II — *De l'évolution grecque, ou polythéisme intellectuel.*

1. Des conditions de milieu et de race qui ont
produit l'évolution grecque. — 2. De la situation

nécessaire de la Grèce et de sa fonction complémentaire dans la guerre défensive. — 3. De la fonction normale de la Grèce dans l'évolution humaine. — 4. De l'évolution esthétique de la Grèce. — 5. De la décomposition de l'évolution philosophique en deux branches : 1° évolution philosophique proprement dite ; 2° évolution scientifique. — De leur succession nécessaire. — 6. De l'évolution philosophique proprement dite. — 7. De l'évolution scientifique.

III. — *Résultats et limites nécessaires de l'évolution grecque ou polythéisme intellectuel.*

1. Distinction des résultats de cette évolution en résultats définitifs et résultats passagers. — Importance des premiers. — 2. Résultats esthétiques. — 3. Résultats philosophiques. — 4. Résultats scientifiques. — 5. Limites nécessaires d'une telle évolution. — 6. De ses inconvénients. — 7. Du rôle de la Grèce conçu finalement au point de vue d'une expérimentation sociale.

TREIZIÈME LEÇON
THÉORIE DE L'ÉVOLUTION ROMAINE

I. — *De l'incorporation.*

1. Nécessité d'une évolution militaire conquérante. — 2. But essentiel de l'évolution romaine. — 3. Condition fondamentale du système de conquête. — 4. Progrès intellectuels, moraux et pratiques dus à ce régime. — 5. Progrès de la vie domestique. — 6. Progrès de la vie civique. — 7. Marche générale de l'incorporation.

II. — *De la combinaison de l'évolution romaine avec l'évolution grecque.*

1. Cette combinaison était inévitable. — 2. Elle était indispensable. — 3. Son accomplissement.

— 4. Du droit civil. — 5. Nécessité de la combinaison de l'évolution romaine avec les éléments orientaux de civilisation. — 6. Accomplissement de cette combinaison. — 7. Position générale du problème de l'avènement d'une religion universelle comme résultat final de la combinaison de la civilisation romaine avec l'ensemble de la civilisation grecque et de la civilisation orientale.

III. — *Assimilation.*

1. Institution du régime de l'assimilation par Jules César. — 2. Constitution de ce régime par Auguste. — 3. Évolution du régime de l'assimilation. — 4. Conséquences générales de cette évolution. — 5. De la fondation du catholicisme. — 6. De la diffusion du catholicisme dans l'ensemble de l'empire romain. — Marche nécessaire de cette diffusion. — 7. De l'installation finale du catholicisme à partir de Constantin.

QUATORZIÈME LEÇON
THÉORIE DE L'ÉVOLUTION CATHOLICO-FÉODALE
(MOYEN AGE)

I. — *De l'avènement du régime du moyen âge.*

1. Vue d'ensemble du régime catholico-féodal. — 2. Des diverses théories successivement émises sur ce sujet avant l'avènement définitif de la théorie positive. — 3. Avènement du régime défensif et du régime de la décomposition politique. — 4. Avènement nécessaire du catholicisme occidental. — 5. Avènement de la division des deux pouvoirs. — 6. Harmonie spontanée et systématique des deux éléments du régime du moyen âge. — 7. Vue générale des résultats nécessaires d'un tel régime.

II.— *Propriétés du régime du moyen âge.*

1. Ses propriétés intellectuelles. — 2. Ses propriétés esthétiques. — 3. Ses propriétés pratiques. — 4. Ses propriétés relatives à la morale personnelle. — 5. Ses propriétés relatives à la morale domestique. — 6. Ses propriétés relatives à l'existence sociale et politique. — 7. Résumé synthétique : de la chevalerie.

III. — *Marche de l'évolution du régime catholico-féodal.*

1. Plan général de cette évolution. — 2. Première phase (de 400 à 700). — 3. De l'avènement de l'islamisme. — De son influence sur la civilisation occidentale. — 4. Seconde phase (de 700 à 1000). — 5. Résultats essentiels de l'évolution propre à ces deux phases. — 6. Troisième phase (de 1000 à 1300). — 7. Résultats essentiels de cette troisième phase. — Instabilité finale de ce régime.

QUINZIÈME LEÇON

THÉORIE DE LA PÉRIODE SPONTANÉE DE L'ÉVOLUTION RÉVOLUTIONNAIRE (DE 1300 A 1500)

I. — *Avènement nécessaire de la transition révolutionnaire.*

1. Distinction de ce vaste mouvement : 1° en mouvement de décomposition; 2° en mouvement de recomposition. — 2. Que le moyen âge transmettait nécessairement cette double impulsion. — 3. Que le mouvement de décomposition était inévitable, grâce à l'action des forces anciennes. — 4. Que le mouvement de décomposition était inévitable, grâce à l'action des forces nouvelles. — 5. Que le mouvement de recomposition était inévitable. — 6. Que le double mouvement de recomposition et de décomposition était indispensable. — 7. Durée de cette transition et sa divi-

sion en deux phases, l'une spontanée, l'autre systématique.

II. — *De la constitution de la transition révolutionnaire.*

1. Champ général de la transition révolutión-
naire. — 2. Des forces qui y concourent : les unes
homogènes ou normales, les autres hétérogènes
ou venant du régime ancien. — 3. Forces morales.
— 4. Forces intellectuelles, scientifiques et esthétiques. — 5. Forces temporelles normales. — 6. Du
pouvoir temporel et du pouvoir spirituel. — 7. Des
forces hétérogènes subordonnées : légistes, métaphysiciens, littérateurs.

III. — *Appréciation spéciale de la première phase
(de 1300 à 1500).*

1. Importance de la conception d'Auguste
Comte sur cette phase spontanée. — 2. Sudordi-
nation du pouvoir papal au pouvoir royal. —
3. Subalternisation des clergés locaux. — 4. Organisation de la dictature temporelle. — 5. Mouvement scientifique et esthétique. — 6. Mouvement
pratique. — 7. Mouvement métaphysique.

SEIZIÈME LEÇON
THÉORIE DE LA PHASE PROTESTANTE DE L'ÉVOLUTION RÉVOLUTIONNAIRE (DE 1500 A 1688)

I. — *Avènement de cette seconde phase.*

1. Son caractère général. — 2. Son avènement
inévitable. — 3. Son avènement indispensable. —
4. De la substitution graduelle de la *république
occidentale* à la chrétienté. — 5. Partage nécessaire de l'Occident entre le protestantisme et le
catholicisme. — 6. Des sources antérieures de
cette décomposition. — 7. De la rétrogradation
et du jésuitisme.

II. — *Évolution de la phase protestante.*

Décompo-
sition.
{ 1. Installation de la dictature royale.
— 2. Diplomatie. — 3. Forces hétérogènes. — Leur développement.
4. Évolution esthétique. — 5. Évolution scientifique. — 6. Évolution industrielle. — 7. De la
corrélation de ces trois éléments du mouvement
de recomposition, et de leurs inconvénients.

III. — *De la doctrine révolutionnaire.*

1. Avènement de la doctrine révolutionnaire. —
2. De l'égalité. — Du libre examen. — 3. Souve-
raineté du peuple. — 4. Indépendance des peuples. — 5. Du rôle de la doctrine révolutionnaire.
— 6. Appréciation scientifique de la doctrine
révolutionnaire. — 7. Dangers actuels de cette
doctrine. — Situation présente.

DIX-SEPTIÈME LEÇON

THÉORIE DE LA PHASE DÉISTE DE L'ÉVOLUTION RÉVOLUTIONNAIRE (DE 1688 A 1789)

I. — *Du mouvement négatif pendant la troisième phase de l'évolution révolutionnaire.*

1. Nécessité, pour plus de précision, d'étudier
ce mouvement pendant l'unité de temps ou la
génération. — 2. Décomposition du mouvement
en négatif et positif, et décomposition de cette
phase en trois générations. — 3. Caractère général de la dictature pendant cette phase. — 4. Constitution de l'école négative suivant le caractère
spirituel ou temporel de la critique correspondante, et évolution générale de cette école. —
5. Appréciation générale de l'école voltairienne.
— 6. Appréciation de l'école de Rousseau. —
7. Transformation générale des forces hétéro-

gènes. — Légistes (magistrats, avocats). — Littérateurs. — Journalisme.

II. — *Du mouvement positif pendant la troisième phase
de l'évolution révolutionnaire.*

1. Conception générale du rôle de la dictature
par rapport au mouvement positif. — 2. De l'évolution industrielle pendant cette phase. — 3. De
l'évolution scientifique développant la phase précédente (mathématique, astronomie, physique).—
4. De l'évolution scient...que propre à cette phase
(chimie, biologie). — 5. De l'évolution esthétique
propre à cette phase. — 6. Constitution de l'école
philosophique constructrice (Encyclopédie). —
7. Évolution générale de l'école constructrice.

III. — *Résultats essentiels de l'évolution propre à cette phase.*

1. Résultat de l'école constructrice en philosophie première. — 2. Ses résultats en sociologie.
— 3. Ses résultats en morale. — 4. Annonce de
la division des deux pouvoirs. — 5. Conception
générale de l'occidentalité et de l' nité de la planète. — 6. Aspiration vers une réformation universelle. — 7. Aperçu général de la situation.

DIX-HUITIÈME LEÇON

THÉORIE DE LA GRANDE CRISE (DE 1789 A 1815)

I. — *De la nécessité de la grande crise et de sa marche
générale.*

1. Situation de l'Occident en 1789. — 2. La crise
était inévitable. — 3. Elle était indispensable. —
4. Signes précurseurs de la crise. — Siège essentiel de l'ébranlement. — 5. Marche hypothétique
qu'aurait dû suivre la crise, s'il eût été possible
qu'elle fût rationnellement dirigée.— 6. Place de
Turgot. — 7. Marche générale de la crise et dé-

composition de la génération en trois parties :
Préambule, de 1789 au 10 août 1792. — Crise décisive, 10 août 1792 à germinal 1794. — Rétrogradation, de germinal 1794 à 1815.

II. — *Crise décisive.*

1. Préambule : 1789-1792 (10 août). — 2. Appréciation de l'œuvre législative de la Consti-
tuante. — 3. Appréciation du 10 août 1792. —
4. De la défense nationale. — 5. Institution du
gouvernement révolutionnaire. — 6. Développement de ce gouvernement. — 7. Appréciation
générale de cette phase.

III. — *Rétrogradation* (*de germinal* 1794 à 1815).

1. Appréciation de Robespierre. — 2. Appréciation du 18 fructidor. — 3. Appréciation générale
du gouvernement du Directoire. — 4. Appréciation du coup d'État de brumaire. — 5. Politique
intérieure de l'Empire. — 6. Sa politique extérieure. — 7. Appréciation de cette phase et de
l'ensemble de la crise.

DIX-NEUVIÈME LEÇON

THÉORIE DE LA SITUATION ACTUELLE (DE 1815 A 1876)

1. — *De* 1815 *à* 1848. *La Restauration. Louis-Philippe.*

1. De 1815 au 5 septembre 1816. — Coup
d'État de Louis XVIII. — 2. De 1816 à 1830, tant
en France que dans le reste de l'Occident. —
3. Appréciation générale de cette période dans
son esprit et dans ses résultats. — 4. Crise de
1830 ; ses conséquences. — 5. Institution du régime du juste milieu. — Vue générale de l'Occident. — 6. Évolution générale de 1830 à 1848.
— 7. Appréciation générale de cette génération.

VINGTIÈME LEÇON

CONCLUSION SYNTHÉTIQUE

III. — *Des lacunes de la sociologie.*

1. Dangers du point de vue exclusivement sociologique. — 2. Nécessité du point de vue moral comme complément. — 3. Préparation par la statique sociale. — 4. De la morale comme aboutissant final de l'enseignement. — 5. Des lacunes nécessaires dans l'état actuel de la sociologie. — 6. Des recherches nouvelles les plus urgentes et de leur organisation. — 7. Conclusion finale qui lie cet ensemble à l'avènement et à l'organisation du pouvoir spirituel.

Pierre LAFFITTE.

TABLE DES MATIÈRES

Coulommiers. — Typog. PAUL BRODARD.

www.ingramcontent.com/pod-product-compliance
Lightning Source LLC
Chambersburg PA
CBHW070406090426
42733CB00009B/1558